ECDL

Der Europäische Computer Führerschein

Modul 3: Textverarbeitung

ECDL

Der Europäische Computer Führerschein

Modul 3: Textverarbeitung

Brendan Munnelly und Paul Holden

Übersetzung aus dem Englischen:
Astrid Boventer

Markt + Technik Verlag

Die Deutsche Bibliothek – CIP-Einheitsaufnahme

Ein Titelsatz für diese Publikation ist bei
Der Deutschen Bibliothek erhältlich.

Die Informationen in diesem Produkt werden ohne Rücksicht auf einen eventuellen Patentschutz veröffentlicht.
Warennamen werden ohne Gewährleistung der freien Verwendbarkeit benutzt.
Bei der Zusammenstellung von Texten und Abbildungen wurde mit größter Sorgfalt vorgegangen.
Trotzdem können Fehler nicht vollständig ausgeschlossen werden.
Verlag, Herausgeber und Autoren können für fehlerhafte Angaben und deren Folgen weder eine juristische Verantwortung noch irgendeine Haftung übernehmen. Für Verbesserungsvorschläge und Hinweise auf Fehler sind Verlag und Herausgeber dankbar.

Alle Rechte vorbehalten, auch die der fotomechanischen Wiedergabe und der
Speicherung in elektronischen Medien.
Die gewerbliche Nutzung der in diesem Produkt gezeigten Modelle und Arbeiten
ist nicht zulässig.

Titel der englischen Originalausgabe (Auszug)
ECDL3 – The Complete Coursebook
© 2000 by Pearson Education Limited

Fast alle Hardware- und Softwarebezeichnungen, die in diesem Buch erwähnt werden,
sind gleichzeitig auch eingetragene Warenzeichen oder sollten als solche betrachtet werden.

Umwelthinweis:
Dieses Buch wurde auf chlorfrei gebleichtem Papier gedruckt.
Die Einschrumpffolie – zum Schutz vor Verschmutzung – ist aus umweltverträglichem
und recyclingfähigem PE-Material.

10 9 8 7 6 5 4 3 2 1

05 04 03 02 01

ISBN 3-8272-6083-3

© 2001 by Markt+Technik Verlag,
ein Imprint der Pearson Education Deutschland GmbH,
Martin-Kollar-Straße 10–12, D-81829 München/Germany
Alle Rechte vorbehalten
Umschlaggrafik: adesso 21, München
Lektorat: Cornelia Karl, ckarl@pearson.de
Herstellung: Elisabeth Egger, eegger@pearson.de
Satz: mediaService, Siegen (www.media-Service.tv)
Druck und Verarbeitung: Bosch Druck, Ergolding
Printed in Germany

Inhaltsverzeichnis

Ihr erster Brief mit Word ... 10
    Zu dieser Lektion ... 10
    Word starten ... 10
        Was? Ein neues, leeres Dokument? ... 11
    Einfügemarke und Absatzmarke ... 11
        Sie sehen keine Absatzmarke? ... 12
    Das müssen Sie wissen ... 12
    Tasten, die Sie kennen sollten ... 13
    Einen Brief schreiben ... 14
    Text mit der Tab-Taste verschieben ... 16
        Nicht druckbare Zeichen und wellenförmige Unterstreichung ... 17
    Ihren Brief drucken ... 17
    Die Symbolleiste von Word ... 18
    Der Befehl Rückgängig in Word ... 18
    Das Arbeiten mit Word-Dokumenten ... 18
        Das Speichern Ihres Dokuments ... 18
        Ein neues Dokument erstellen ... 19
        Ein vorhandenes Dokument öffnen ... 20
        Ein Dokument schließen ... 20
    Word beenden ... 20
    Online-Hilfe ... 20
        Die Optionen im Menü Hilfe verwenden ... 21
        Der Gebrauch der Hilfe im Dialogfeld ... 21
    Zusammenfassung der Lektion: Das haben Sie gelernt ... 22

Text formatieren, positionieren und kopieren ... 24
    Zu dieser Lektion ... 24
    Text auswählen ... 25
    Einen Text formatieren
    Schaltflächen Format ... 27
    Einen Text kopieren und einfügen ... 27
        Wichtiges über die Zwischenablage ... 28
        Einen Text ausschneiden und einfügen ... 29
        Tastenkombinationen ... 30
    Formatierte Dokumente ... 30
    Rechter und linker Einzug ... 30
    Einen Text ausrichten ... 30
    Aufzählung mit Zeichen und Zahlen ... 31
    Schriftarten ... 34
        Serifenschriften ... 35
        Serifenlose Schriften ... 35

Schriftgrößen	35
Schrifteigenschaften	35
Schriftschnitt	35
Unterstreichen	36
Schriftfarbe	36
Effekte	36
Schriftabstand	37
Rahmen und Schattierung von Schrift	37
Die Zoom-Ansichten in Word	40
Zoom und Drucken	41
Auf eine Diskette speichern	41
Symbole und Sonderzeichen	41
Format übertragen	42
Zusammenfassung der Lektion: Das haben Sie gelernt	43

Umfangreiche Dokumente, kleine Details   *45*

Zu dieser Lektion	45
Ein umfangreiches Dokument erstellen	46
Zeilenabstand	47
Abstände zwischen Absätzen	47
Erstzeileneinzug	48
Hängender Einzug	49
Text suchen	49
Die Grundlagen	50
Besondere Optionen	50
Formate	51
Text suchen und ersetzen	51
Zwei Methoden des Ersetzens	51
Besondere Optionen	51
Seite einrichten	54
Register Seitenränder	55
Papierformat	55
Kopf- und Fußzeilen	55
Seitennummerierung	58
Verschiedene Möglichkeiten bei der Seitennummerierung	59
Erstelldatum und Autorenname	59
Manueller Zeilen- und Seitenwechsel	61
Rechtschreibprüfung	61
Automatische Rechtschreibprüfung	61
Dialogfeld Rechtschreibung	62
Welche Sprache?	63
Die Grammatikprüfung	63
Die Druckoptionen	63
Die Seitenansicht	64
Den Druckbereich festlegen	64
Die Symbolleisten anpassen	64
Die Symbolleisten ein- und ausblenden	65
Ein- und Ausblenden von einzelnen Schaltflächen	65
Zusammenfassung der Lektion: Das haben Sie gelernt	66

Tabellen, Tabstopps und Grafiken **67**

- Zu dieser Lektion 67
- Die Verwendung von Tabellen in Word 67
- Einzelne Zellen einer Tabelle auswählen 69
- Spaltenbreite, Zeilenhöhe und Abstand 72
- AutoFormat für Tabellen 72
- Einführung in die Welt der Tabulatoren 73
- Die Verwendung von Tabulatoren in Word 73
- Tabulator-Ausrichtung 75
- Tabstopps mit Lineal verwenden 77
- Der Gebrauch von Grafiken in Word 78
- Grafik importieren: zwei Methoden 78
    - Grafiken: Kopieren und Einfügen 78
    - Grafiken: Datei einfügen 78
- Mit Grafiken arbeiten 79
    - Eine Grafik verschieben 79
    - Form und Größe einer Grafik ändern 79
- AutoFormen einfügen 80
- Silbentrennung beim Blocksatz 83
- Automatische Silbentrennung 84
    - Einstellungen der automatischen Silbentrennung 84
- Manuelle Silbentrennung 84
    - Anwendung der manuellen Silbentrennung 84
- Zusammenfassung der Lektion: Das haben Sie gelernt 85

Seriendruck und Dokumentenvorlagen **86**

- Zu dieser Lektion 86
- Komponenten des Seriendrucks 87
    - Das Hauptdokument 87
    - Datenquelle 87
    - Seriendruckfelder 88
- Der Ablauf zum Seriendruck 88
    - Schritt 1: Hauptdokument vorbereiten 88
    - Schritt 2: Datenquelle vorbereiten 89
    - Schritt 3: Seriendruckfelder ins Hauptdokument einfügen 89
    - Schritt 4: Vorschau des Seriendrucks 89
    - Schritt 5: Ausdruck des Serienbriefs 89
- Die Übungen zum Seriendruck 89
    - Datenquelle anschauen 93
    - Datenquellen verwenden, die nicht in Word erstellt wurden 93
- Seriendruckfelder einfügen 93
- Adressetiketten im Seriendruck 95
- Word-Dokumentenvorlagen 96
    - Eine Dokumentenvorlage als Dokumentenmuster 97
    - Eine Dokumentenvorlage als Schnittstellensteuerung 97
- Dokumentenvorlagen und Dokumente 97
    - Die Dokumentenvorlage Normal.dot 98
    - Dokumentenvorlagen und neue Dokumente 98

Dokumentenvorlagen und Formatvorlagen 99
    Warum Formatvorlagen verwenden? 100
Eine neue Dokumentenvorlage erstellen 102
Formatvorlagen und Gliederungsansicht 103
Andere Ansichten 104
    Normalansicht 104
    Seiten-Layout 104
Zusammenfassung der Lektion: Das haben Sie gelernt 104

Dateiformate, Daten aus einer Tabellenkalkulation importieren *106*

Zu dieser Lektion 106
Dateiformate 106
    Verschiedene Anwendungen, verschiedene Dateiformate 107
    Dateinamenerweiterung 107
Mögliche Dateiformate bei Word 108
    Frühere Word-Versionen 108
    Rich-Text-Format 108
    WordPerfect-Format 108
    Nur-Text-Format 109
    HTML (Web)-Format 110
Tabellendaten einfügen oder einbetten 110
    Spezielle Optionen zum Einfügen 111
    Daten aus Excel einfügen 111
    Daten aus Excel einbetten 112
Zusammenfassung der Lektion: Das haben Sie gelernt 116

Anhang: Operationen in Windows-Anwendungen ausführen *117*

Menüleisten, Symbolleisten und Tastenkombinationen 117
    Die Menüleisten 117
    Die Symbolleisten 118
    Tastenkombinationen 118
Zusammenfassung der Lektion: Das haben Sie gelernt 119
Index 121

Textverarbeitung

In vergangenen Tagen, als die Menschen dachten, sie könnten die Zukunft vorhersehen, benutzte jemand den Ausdruck »Papierloses Büro«.

Als immer mehr Computer in Büros und an Arbeitsplätzen Einzug hielten, ging man davon aus, dass eine Kommunikation auf Papier für immer verschwinden würde.

Aber mit dem Aufkommen erschwinglicher Computer kamen auch preiswerte Drucker auf den Markt. Das führte zu einem eher höheren als niedrigeren Papierverbrauch an Computerarbeitsplätzen. Nie zuvor hat der Handel mit Artikeln des Bürobedarfs ein besseres Geschäft gemacht.

In diesem Modul »Textverarbeitung« werden Sie lernen, wie Sie Ihren Beitrag zum computergenerierten Papierwerk dieser Welt leisten können.

Sie werden erfahren, wie man formelle Geschäftsbriefe und -berichte sowie stilvolle Poster und Menükarten erstellt. Außerdem werden wir Sie in das Geheimnis der personenbezogenen Formbriefe einweihen, die auch als meist unerwünschte Wurfsendungen bekannt sind.

Lektion 1: Ihr erster Brief mit Word

Zu dieser Lektion

Zur Textverarbeitung gehört zwar weit mehr, als nur das Schreiben und Bearbeiten von Wörtern, aber es sind zwei grundlegende Dinge. Lesen Sie dieses Kapitel und nehmen Sie die angeführten Beispiele zu Hilfe. Sie werden die grundlegenden Fähigkeiten erwerben, um später auch schwierigere Aufgaben zu bewältigen.

Sie lernen, wie Sie die *Word*-Online-Hilfe benutzen, denn sie ist ein hervorragendes Instrument, um Antworten und Hinweise zur Bedienung des Programms zu finden.

Neue Fähigkeiten

Am Ende dieser Lektion sollten Sie in der Lage sein,

- *Word* zu starten und zu beenden,
- Text einzugeben und ihn zu bearbeiten,
- nicht druckbare Zeichen in *Word* zu erkennen,
- die Umschalt-, Rück-, Lösch-, Pfeil- und TAB-Taste zu benutzen,
- einen Standardbrief zu schreiben und zu drucken,
- *Word*s Funktion *Datum einfügen* zu verwenden,
- Eingaben mit dem *Word*-Befehl RÜCKGÄNGIG rückgängig zu machen,
- *Word*-Dokumente zu speichern, zu benennen, zu öffnen, zu erstellen und zu schließen,
- die Online-Hilfe zu benutzen, um mehr über *Word* zu lernen.

Neue Wörter

Am Ende dieser Lektion sollten Sie in der Lage sein, folgende Begriffe zu erklären:

- Dokument
- Absatzmarke
- Automatischer Zeilenumbruch
- Nicht druckbare Zeichen

Word starten

Microsoft Word

Führen Sie einen Doppelklick auf das *Word*-Symbol aus oder wählen Sie START/PROGRAMME/MICROSOFT WORD. *Word* wird gestartet und zeigt ein neues Fenster mit einem neuen, leeren Dokument an, in dem Sie nun schreiben können.

Ein leeres Word Dokument bereit zur Texteingabe

Word-Dokument

Eine Microsoft Word-Datei, z.B. ein Brief oder Bericht.

Was? Ein neues, leeres Dokument?

Wenn *Word* nicht automatisch ein neues, leeres Dokument öffnet, klicken Sie einfach auf die Schaltfläche NEU oben links im Bildschirm.

Schaltfläche Neu

Einfügemarke und Absatzmarke

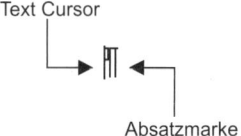

In der oberen linken Ecke Ihres Dokuments sehen Sie zwei Elemente:

- **Einfügemarke:** ein blinkender vertikaler Strich. Wenn Sie einen Text eingeben, so gibt *Word* ihn immer genau an der Stelle ein, wo sich die Einfügemarke befindet. Betrachten Sie den Cursor als Anzeige für: *Sie befinden sich gerade hier.* Er teilt Ihnen mit, an welcher Stelle im Dokument Sie sich befinden.

- **Absatzmarke:** In jedem neuen *Word*-Dokument ist ein solches Zeichen sichtbar (es ähnelt einem seitenverkehrten P). Immer wenn Sie die Eingabetaste drücken, um einen neuen Absatz zu beginnen, fügt *Word* eine weitere Absatzmarke an dieser Stelle ein. Die Absatzmarke erscheint jedoch nur auf dem Bildschirm und nicht im Ausdruck.

Absatzmarke

Jedes Dokument verfügt über mindestens eine Absatzmarke. Jedes Mal, wenn Sie die Eingabetaste betätigen, fügt Word eine weitere Absatzmarke ein.

Sie sehen keine Absatzmarke?

Wenn *Word* keine Absatzmarke anzeigt, klicken Sie auf die Schaltfläche ABSATZMARKE EIN-/AUSBLENDEN am oberen Rand des Bildschirms, oben rechts im *Word*-Fenster.

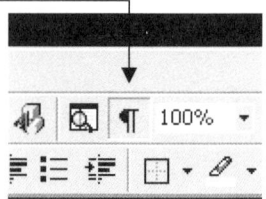

Schaltfläche Absatzmarke ein-/ausblenden

Das müssen Sie wissen

Hier finden Sie die wichtigsten Operationen, die Sie für *Word* beherrschen müssen:

- Text schreiben,
- vorher geschriebenen Text bearbeiten (ändern),
- Umschalttaste verwenden, um Großbuchstaben zu schreiben
- Eingabetaste verwenden, um eine neue Absatzmarke einzugeben

Sie werden diese Dinge in den vier folgenden Übungen trainieren.

Übung 1: Text in Word eingeben

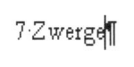

1) Schreiben Sie die Zahl 7.
2) Drücken Sie die Leertaste. *Word* zeigt einen Punkt im Dokument an. Mit diesem Punkt teilt *Word* Ihnen mit, dass Sie einen Leerschritt eingegeben haben. Dieser Punkt wird jedoch nicht gedruckt.
3) Schreiben Sie das Wort *zwerg*.

Glückwunsch! Sie haben Ihren ersten Text in *Word* geschrieben.

Übung 2: Vorher eingegebenen Text bearbeiten

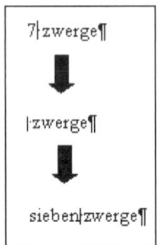

Eingegebene Texte werden Sie später sicher auch mal verändern oder löschen wollen. Und das nennt man dann Bearbeiten.

1) Klicken Sie mit der Maus rechts neben die 7.
2) Drücken Sie die Rücktaste. (Sie befindet sich genau über der Eingabetaste.)
3) Schreiben Sie das Wort *sieben*.

Sie haben diese Übung zur Bearbeitung abgeschlossen.

Übung 3: Verwendung der Umschalttaste

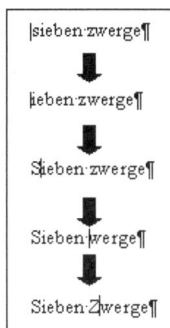

1) Klicken Sie links neben den Buchstaben *s* des Wortes *sieben*.
2) Drücken Sie die Taste ENTF, um das *s* zu löschen.
3) Halten Sie nun die Umschalttaste gedrückt und schreiben Sie den Buchstaben *s*. *Word* fügt einen Großbuchstaben *S* ein.
4) Bringen Sie den Cursor rechts neben den Buchstaben *z* des Wortes *zwerge*.
5) Drücken Sie die Rücktaste, um das *z* zu löschen.
6) Halten Sie nun die Umschalttaste gedrückt und schreiben Sie den Großbuchstaben *Z*. *Word* fügt einen Großbuchstaben *Z* ein.

Gut gemacht! Sie haben eine weitere Übung beendet.

Übung 4: Verwendung der Eingabetaste, um eine neue Absatzmarke einzufügen

1) Sie verwenden nun die Eingabetaste, um einen Absatz zu beenden und einen neuen zu beginnen.
2) Klicken Sie rechts neben das Wort Zwerg und drücken Sie die Eingabetaste. Ein neuer Absatz wird eingefügt. *Word* platziert den Cursor am Anfang einer neuen Zeile.
3) Schreiben Sie *Jan*.
4) Drücken Sie die Eingabetaste.
5) Schreiben Sie *Paul*.
6) Drücken Sie die Eingabetaste.
7) Schreiben Sie *Georg*.
8) Drücken Sie die Eingabetaste.
9) Schreiben Sie *Tim*.

Diesen Text benötigen Sie nicht mehr für weitere Übungen. Löschen Sie ihn wie folgt:

1) Klicken Sie rechts neben das Wort *Tim*.
2) Betätigen Sie die Rücktaste und halten Sie sie gedrückt, bis *Word* den gesamten Text des Dokuments gelöscht hat.

Tasten, die Sie kennen sollten

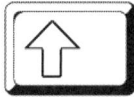

Im Folgenden sehen Sie eine Zusammenfassung der wichtigsten Tasten.

- **Umschalttaste:** Wenn diese Taste in Verbindung mit einer Buchstabentaste gedrückt wird, erzeugt das einen Großbuchstaben. In Verbindung mit einer Zahlen- oder Symboltaste wird das obere Symbol der Taste erzeugt. Sie finden eine Umschalttaste an beiden Seite der Tastatur.

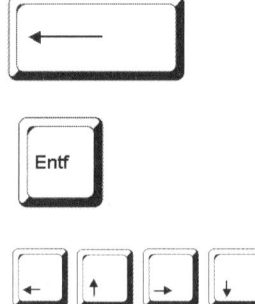

- **Rücktaste:** Mit der Rücktaste wird das Zeichen links vom Cursor gelöscht. Die *Rücktaste* befindet sich oben rechts auf der Tastatur, genau über der *Eingabetaste*.
- **Entfernentaste:** Hiermit wird das Zeichen rechts neben dem Cursor gelöscht. Diese Taste befindet sich im Sechsertastenblock rechts neben der *Eingabetaste*.
- **Pfeiltasten:** Sie können den Cursor nicht nur mit Hilfe der Maus im Dokument bewegen, sondern auch mittels der *Pfeiltasten,* die sich rechts neben der *Eingabetaste* befinden. Möglicherweise ist dies für Sie eine schnellere Möglichkeit, den Cursor zu bewegen, als mit der Maus zu klicken und sie zu bewegen, da Sie keine Hand von der Tastatur nehmen müssen.

Einen Brief schreiben

Nun sind Sie bereit, einen längeren Text, einen Brief, zu schreiben.

Übung 5: Einen Absatz eines Briefes schreiben

1) Schreiben Sie den folgenden Text:

Ich schreibe Ihnen bezüglich unseres nächsten Treffens am 17. Oktober im Wissenschaftszentrum Bonn.

Ihr Bildschirm sollte nun Folgendes anzeigen.

```
Ich schreibe Ihnen bezüglich unseres nächsten Treffens am 17. Oktober im
Wissenschaftszentrum Bonn.¶
```

Sie werden bemerkt haben, dass *Word* den Cursor beim Erreichen des Zeilenendes automatisch an den Anfang der nächsten Zeile gebracht hat.

Bei einer alten Schreibmaschine mussten Sie am Ende einer Zeile auf die Eingabetaste drücken, um in die nächsten Zeile zu gelangen. *Word* erledigt das für Sie automatisch. Dieses Merkmal bezeichnet man als automatischen Zeilenumbruch. Dieser veranlasst *Word*, in eine neue Zeile zu springen, sobald eine Zeile voll ist.

Automatischer Zeilenumbruch

Die Funktion in Word, die den Cursor automatisch in eine neue Zeile bringt, sobald der Text das Ende der vorherigen Zeile erreicht hat.

Übung 6: Noch mehr Text in Ihren Brief schreiben

In dieser Übung werden Sie Ihren Absender oben in den Brief schreiben, mehr Text in den Brief einfügen und Ihren Namen ans Ende des Briefes setzen.

1) Klicken Sie an den Anfang der ersten Zeile, so dass der Cursor sich links vom *I* befindet.

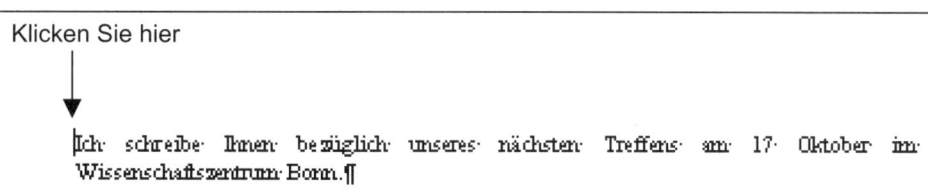

2) Drücken Sie die Eingabetaste, um eine neue Zeile zu erstellen, und dann die Pfeiltaste nach oben, um den Cursor an den Anfang der neuen Zeile zu bringen.
3) Schreiben Sie *Beate Mustermann* und drücken Sie dann die Eingabetaste.
4) Tippen Sie Straße und Hausnummer und drücken Sie zweimal die Eingabetaste.
5) Geben Sie nun die Postleitzahl und Stadt ein und drücken Sie zweimal die Eingabetaste.
6) Schreiben Sie *Sehr geehrter Herr Müller* und drücken Sie die Eingabetaste.
7) Klicken Sie ans Ende der letzten Zeile, so dass sich der Cursor rechts neben dem Punkt und links neben der Absatzmarke am Satzende befindet. Drücken Sie zweimal die Eingabetaste.

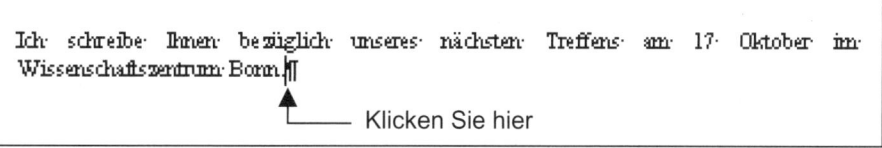

8) Schreiben Sie den folgenden Text und drücken Sie zweimal die Eingabetaste:

    In den vergangenen Jahren waren Sie so freundlich, immer einen Preis für unser Glücksrad zu stiften.

9) Schreiben Sie den folgenden Text und drücken Sie zweimal die Eingabetaste:
    Wir würden gern wissen, ob wir auch dieses Jahr wieder mit einer Spende rechnen können.

Bindestrichtaste

10) Halten Sie die Umschalttaste gedrückt und drücken Sie ca. zwanzig Mal auf die Bindestrichtaste. (Es ist die zweite Taste von rechts in der unteren Buchstabenreihe.)

    Lassen Sie die Umschalttaste los. Wenn Sie den Brief drucken, können Sie Ihren Namen auf die Linie schreiben, die Sie durch das wiederholte Drücken der Bindestrichtaste erstellt haben.

11) Drücken Sie die Eingabetaste und schreiben Sie *Willi Schmitz*.

Fertig! Sie haben die Übung beendet.

Ein Brief ist jedoch ohne Datum nicht vollständig. In Übung 7 erfahren Sie, wie Sie mit Hilfe von *Word* das heutige Datum in diesen Brief oder auch in andere Dokumente einfügen können.

Übung 7: Datum einfügen

Klicken Sie hier

1) Klicken Sie auf die Absatzmarke der leeren Zeile über *Sehr geehrter Herr Müller.*

2) Wählen Sie EINFÜGEN/DATUM UND UHRZEIT.

3) *Word* blendet ein Dialogfeld ein, welches das heutige Datum in verschiedenen Schreibweisen anzeigt.

   Wählen Sie ein Format aus und klicken Sie auf OK.

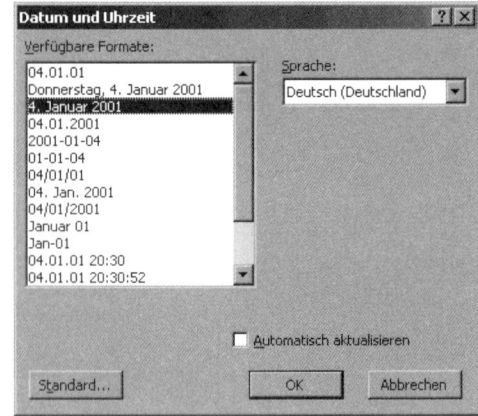

Das Datum wird in Ihren Brief eingefügt und das Dialogfeld geschlossen.

4) Drücken Sie zweimal die Eingabetaste, um zwei leere Zeilen nach der Zeile mit dem Datum und vor der Zeile *Sehr geehrter Herr Müller* einzufügen.

Gut gemacht! Sie haben den ersten Brief in *Word* geschrieben. Er sollte wie in der Abbildung aussehen.

Text mit der Tab-Taste verschieben

Nun gibt es da noch ein Problem bei Ihrem Brief. Die Adresse und das Datum am oberen Rand befinden sich an der falschen Stelle. Beides muss nach rechts verschoben werden.

In Übung 3.8 lernen Sie, wie Sie die TAB-Taste verwenden, um die Position von Text im Dokument zu verändern.

Übung 8: Verwenden der TAB-Taste

1) Bringen Sie den Cursor ganz nach oben, vor das *B* von *Beate*.

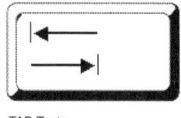
TAB Taste

2) Drücken Sie achtmal auf die TAB-Taste. *Word* verschiebt den gesamten Text zwischen dem Cursor und der Absatzmarke nach rechts.

3) Wiederholen Sie Schritt 2 für alle Adresszeilen und die Datumszeile. Auf Ihrem Bildschirm sollte es jetzt so aussehen.

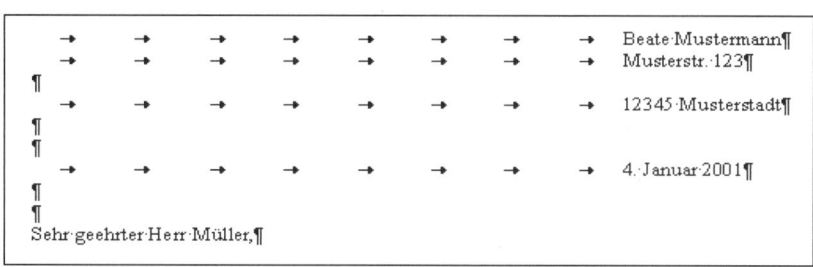

Nicht druckbare Zeichen und wellenförmige Unterstreichung

Jedes Mal, wenn Sie die TAB-Taste drücken, fügt *Word* ein Pfeilsymbol auf dem Bildschirm ein. Wie die Absatzmarke, die das Ende eines Absatzes markiert, und der Punkt, der einen Leerschritt zwischen Wörtern darstellt, ist auch das Tabulatorsymbol ein nicht druckbares Zeichen.

> **Nicht druckbares Zeichen**
>
> *Symbole, die von Word auf dem Bildschirm angezeigt werden, um Ihnen beim Schreiben und Bearbeiten Ihrer Dokumente behilflich zu sein. Diese Zeichen werden nicht gedruckt.*

Wellenförmige Unterstreichung weist auf ein eventuelles Rechtschreib- oder Grammatikproblem hin

Abhängig davon, wie *Word* auf Ihrem Computer eingestellt ist, sehen Sie grüne und/oder rote wellenförmige Unterstreichungen bei bestimmten Wörtern oder Sätzen. Sie haben etwas mit der Rechtschreib- bzw. Grammatiküberprüfung in *Word* zu tun. Sie werden in Lektion 3 näher erklärt und sollten bis dahin einfach ignoriert werden.

Ihren Brief drucken

Ihr Brief ist nun fertig und kann ausgedruckt werden. Wählen Sie DATEI/DRUCKEN. Wenn Ihr Drucker korrekt eingerichtet ist, brauchen Sie nun nur noch auf OK im Dialogfeld DRUCKEN zu klicken. Im Abschnitt 3 werden Sie noch mehr über das Drucken erfahren.

Die Symbolleiste
von Word

Über dem Dokumentenfenster sehen Sie die zwei Hauptsymbolleisten von *Word*: die Standardsymbolleiste und die Formatsymbolleiste.

Die Standardsymbolleiste enthält Schaltflächen zur Dateiverwaltung, also *Word*-Dokumente, und zur Arbeit mit Tabellen.

Die Formatsymbolleiste enthält Schaltflächen zur Veränderung von Text und zum Einfügen auf Aufzählungszeichen.

Statt alle diese Schaltflächen auf einmal zu erklären, werden wir sie einzeln vorführen, und zwar in der Reihenfolge, in der sie im ECDL-Modul Textverarbeitung auftreten.

Der Befehl
Rückgängig in Word

Sie haben einen falschen Text eingegeben oder die falsche Taste gedrückt? Der Befehl RÜCKGÄNGIG in *Word* macht es möglich, die zuletzt ausgeführten Aktionen rückgängig zu machen, falls sie ein unerwünschtes Ergebnis hervorgerufen haben.

Schaltfläche Rückgängig

Schaltfläche Wiederherstellen

- Wählen Sie BEARBEITEN/RÜCKGÄNGIG oder klicken Sie auf die Schaltfläche RÜCKGÄNGIG auf der Standardsymbolleiste.

- Indem Sie den Befehl RÜCKGÄNGIG mehrmals anwenden, werden nach und nach die zuletzt vorgenommenen Aktionen rückgängig gemacht. Um eine Liste der zuletzt ausgeführten Aktionen angezeigt zu bekommen, auf die Sie den Befehl anwenden können, klicken Sie auf den Pfeil rechts neben der Schaltfläche RÜCKGÄNGIG. Wenn Sie eine Aktion rückgängig gemacht haben und sich nun doch anders besinnen, klicken Sie auf die Schaltfläche WIEDERHERSTELLEN (rechts neben der Schaltfläche RÜCKGÄNGIG).

Das Arbeiten mit
Word-Dokumenten

Ein *Word*-Dokument ist eine Datei, die Text enthält (und manchmal auch Grafiken oder andere Objekte). Die Namen von *Word*-Dokumenten haben die Endung .doc. Das hilft Ihnen, *Word*-Dateien von anderen Dateien zu unterscheiden.

Das Speichern Ihres
Dokuments

Schaltfläche Speichern

Wie in allen anderen Programmen, sollten Sie auch in *Word* Ihre Dokumente regelmäßig speichern. Warten Sie mit dem Speichern eines Dokuments nicht, bis Sie es fertig gestellt haben. Um ein Dokument zu speichern, gehen Sie wie folgt vor:

- Wählen Sie DATEI/SPEICHERN oder klicken Sie auf die Schaltfläche SPEICHERN in der Standardsymbolleiste.

Wenn Sie ein Dokument zum ersten Mal speichern, werden Sie von *Word* aufgefordert, der Datei einen Namen zu geben. Die folgende Übung zeigt Ihnen, wie das funktioniert.

Übung 9: Ein neues Dokument speichern und benennen

1) Wählen Sie DATEI/SPEICHERN. *Word* blendet ein Dialogfeld, ähnlich der Abbildung, ein.

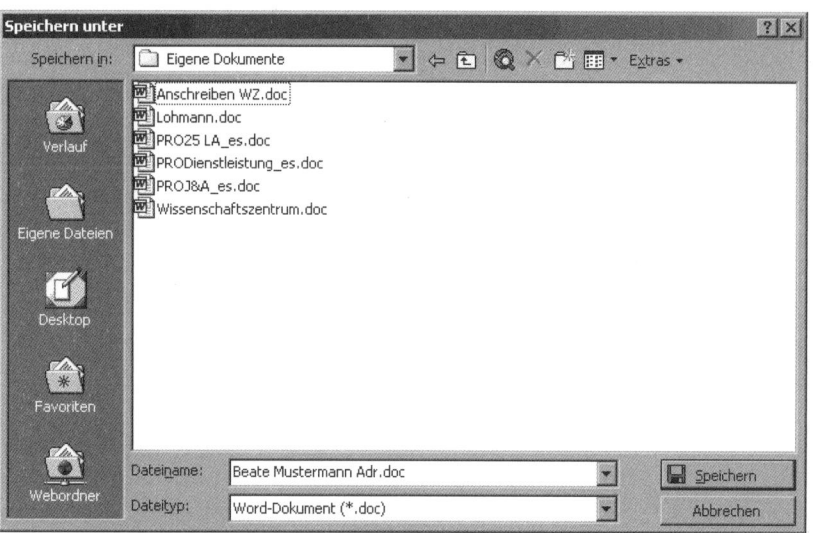

2) Standardmäßig schlägt *Word* die ersten Worte im Dokument als Dateinamen vor. Ändern Sie den Dateinamen in einen Namen, den Sie behalten und wiedererkennen können. Wenn Ihr Name Beate Mustermann ist, so nennen Sie die Datei z.B. *Brief BM*. Klicken Sie nun auf die Schaltfläche SPEICHERN.

Word hängt dem Dateinamen automatisch die Erweiterung .doc an. Sie müssen das nicht extra schreiben.

Ein neues Dokument erstellen

Schaltfläche Neu

Um ein neues *Word*-Dokument zu erstellen:

- Wählen Sie DATEI/NEU.

  - oder -

- Klicken Sie auf die Schaltfläche NEU in der Standardsymbolleiste.

Ein vorhandenes Dokument öffnen

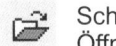 Schaltfläche Öffnen

Um ein schon vorhandenes Dokument zu öffnen:

- Wählen Sie DATEI/ÖFFNEN.

  - oder -

- Klicken Sie auf die Schaltfläche ÖFFNEN in der Standardsymbolleiste. Wählen Sie die gewünschte Datei aus dem Dialogfeld aus.

Ein Dokument schließen

Um ein Dokument zu schließen:

- Wählen Sie DATEI/SCHLIESSEN oder klicken Sie auf das Schließenfeld im Dokumentenfenster.

Schließfeld Dokument

Wenn Sie das Dokument seit der letzten Speicherung noch verändert haben, werden Sie von *Word* dazu aufgefordert, die Änderungen vor dem Schließen zu speichern.

Word beenden

Um *Word* zu verlassen:

- Wählen Sie DATEI/BEENDEN oder klicken Sie auf das Schließenfeld im *Word*-Fenster.

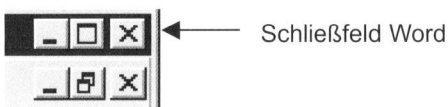
Schließfeld Word

Wenn Sie Dateien geöffnet haben, die noch nicht gespeichert wurden, fordert *Word* Sie auf, diese zu speichern.

Online-Hilfe

Wie *Excel*, *Access*, *PowerPoint* und andere *Microsoft*-Anwendungen bietet auch *Word* eine Online-Hilfe an, die Sie nach Themen durchsuchen können.

- Das Wort *Hilfe* in Online-Hilfe bedeutet, dass Informationen vorliegen, die Sie dabei unterstützen, Word zu verstehen und zu benutzen.

- Das Wort *Online* weist darauf hin, dass die Information auf dem Bildschirm verfügbar ist, statt auf Papier.

Sie können die Online-Hilfe auf zwei Arten lesen: entweder über das Menü ? oder über Dialogfelder.

Die Optionen im Menü Hilfe verwenden

Wählen Sie ?/MICROSOFT WORD-HILFE, um die drei Register des Dialogfeldes *Hilfe* angezeigt zu bekommen. Sie werden hier näher erklärt.

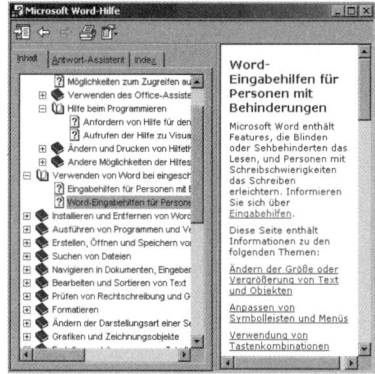 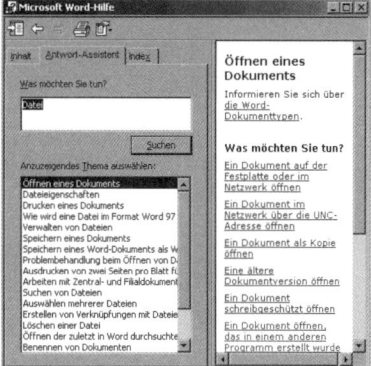 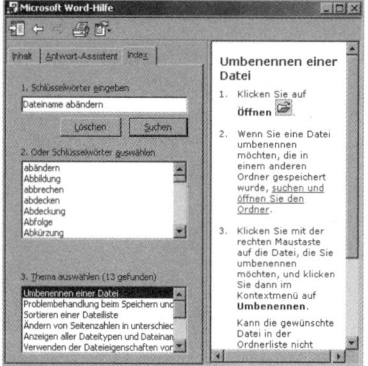

Register *Inhalt*

Dieses Register bietet Ihnen eine kurze Beschreibung der Hauptmerkmale von *Word*.

◆ Wo Sie ein Buchsymbol sehen, doppelklicken Sie darauf, damit Ihnen die damit verwandten Themen angezeigt werden.

[?] Doppelklicken Sie auf ein Fragezeichen, um den Hilfetext zu lesen.

▶ Klicken Sie auf einen Pfeil, damit *Word* Ihnen zeigt, wie Sie eine bestimmte Aktion ausführen können.

▶▶ Klicken Sie auf einen Doppelpfeil, um eine *Schritt für Schritt-Anleitung* zu erhalten.

Register *Index*

Das hier angezeigte Material können Sie wie das Schlagwortregister eines gedruckten Buchs lesen bzw. verwenden.

Geben Sie die ersten Buchstaben eines Wortes (oder Satzes) ein, das für Sie interessant ist.

Word zeigt gefundene Übereinstimmungen mit der Online-Hilfe im unteren Teil des Dialogfelds an.

Wenn Sie den gesuchten Eintrag gefunden haben, klicken Sie auf die Schaltfläche ANZEIGEN.

Register *Antwort-Assistent*

Sie können das Wort oder Thema, das Sie suchen, nicht über das Register *Inhalt oder Index* finden? Dann versuchen Sie es hier.

Wenn Sie ein Wort oder einen Satz schreiben, führt *Word* eine Suche durch, die bis in die Tiefen der Online-Hilfe vordringt.

Word zeigt auch einige verwandte Wörter an, um Ihnen das Eingrenzen der Suche zu erleichtern.

Wenn Sie das gesuchte Element bzw. Thema, gefunden haben, führen Sie einen Doppelklick aus, um es anzuzeigen.

Während Sie die Online-Hilfe lesen bzw. durchsuchen, sehen Sie die folgenden Schaltflächen am oberen Rand des Online-Hilfe-Fensters.

- **Ausblenden/Einblenden:** Blendet den linken Fensterausschnitt des Dialogfelds Online-Hilfe ein oder aus.
- **Zurück/Vorwärts:** Führt Sie vorwärts und rückwärts durch vorher schon besuchte Hilfethemen.
- **Drucken:** Druckt das ausgewählte Thema.
- **Optionen:** Bietet einige Optionen zur Ansicht und ermöglicht das Drucken gerader angezeigter Online-Hilfe-Texte.

Der Gebrauch der Hilfe im Dialogfeld

Sie können auch direkt vom Dialogfeld aus auf die Online-Hilfe zugreifen. Dies wird Ihnen in Übung 10 demonstriert.

Übung 10: Gebrauch der Online-Hilfe in einem Dialogfeld

1) Wählen Sie BEARBEITEN/SUCHEN, um in das Dialogfeld *Suchen und Ersetzen* zu gelangen.

2) Klicken Sie auf das Fragezeichen in der rechten oberen Ecke des Dialogfeldes. *Word* blendet ein Fragezeichen rechts neben dem Cursor ein.

3) Bewegen Sie die Maus nach unten und klicken Sie irgendwo in das Feld *Suchen nach*.

Word zeigt Ihnen einen Hilfetext an, der Ihnen Auskunft über die Verwendung des Feldes *Suchen nach* gibt.

4) Klicken Sie irgendwo im *Word*-Fenster, um den Hilfetext auszublenden.

5) Führen Sie diese Übung auch mit anderen Dialogfeldern in *Word* durch.

Wenn Sie fertig sind, können Sie Ihr Briefdokument schließen und *Word* beenden. Sie haben nun die Lektion 1 des ECDL-Moduls Textverarbeitung abgeschlossen.

Zusammenfassung der Lektion: Das haben Sie gelernt

Ein *Word*-Dokument ist eine Datei, die Text enthält (manchmal auch Grafiken oder andere Objekte). In jedem neuen *Word*-Dokument sehen Sie einen Text-Cursor. Immer wenn Sie Text eingeben, setzt *Word* ihn an die Stelle, an der sich der Cursor gerade befindet. Sie können den Cursor mit der Maus oder den Pfeiltasten an eine andere Stelle bewegen.

Jedes neue Dokument enthält auch eine Absatzmarke. Immer wenn Sie die Eingabetaste drücken, um einen neuen Textabsatz oder eine leere Zeile einzugeben, fügt *Word* dort eine neue Absatzmarke ein.

Sie können Text mit den zwei folgenden Tasten bearbeiten:

- Rücktaste: Löscht Text, der sich links vom Cursor befindet.
- ENTF-Taste: Löscht Text, der sich rechts vom Cursor befindet.

Drücken Sie die Umschalttaste in Verbindung mit einer Buchstaben-, Nummern- oder Symboltaste, um einen Großbuchstaben oder ein Symbol zu erzeugen.

Drücken Sie wiederholt die TAB-Taste, um Text nach rechts zu verschieben. Verwenden Sie die TAB-Taste z.B., wenn Sie die Adresse und dazugehörige Details in die obere rechte Ecke des Briefs verschieben möchten.

Der Befehl DATUM UND UHRZEIT im Menü EINFÜGEN von *Word* fügt das aktuelle Datum ein. Sie können zwischen verschiedenen Formaten auswählen.

Die nicht druckbaren Zeichen in *Word,* wie z.B. der Punkt für einen Leerschritt, erscheinen nicht auf dem Ausdruck. Sie werden nur auf dem Bildschirm angezeigt und dienen als Eingabe- und Bearbeitungshilfe.

Der Befehl RÜCKGÄNGIG in *Word* ermöglicht es, die letzten ausgeführten Aktionen rückgängig zu machen, falls sie ein unerwünschtes Ergebnis hervorgerufen haben.

Speichern Sie in *Word*, wie in allen anderen Anwendungen auch, Ihre Arbeit in regelmäßigen Abständen. Wenn Sie ein Dokument zum ersten Mal speichern, fordert *Word* Sie auf, der Datei einen Namen zu geben. Die Dateinamenerweiterung *.doc* wird von *Word* automatisch an alle gespeicherten Dateien angehängt.

Word bietet Ihnen eine Online-Hilfe zum Durchsuchen an, auf die Sie auf zwei Arten zugreifen können: über das Menü HILFE und über das FRAGEZEICHEN der oberen rechten Ecke eines einzelnen Dialogfeldes.

Lektion 2: Text formatieren, positionieren und kopieren

Zu dieser Lektion   Neben dem Schreiben und Bearbeiten von Text können Sie ein Textverarbeitungsprogramm auch noch für folgende Dinge verwenden:

- Sie können Text in seinem Aussehen verändern. Dabei spricht man von Formatieren. Darunter versteht man Aktionen, wie Text fett, unterstrichen oder kursiv darzustellen. Außerdem können Sie die Schriftart und die Schriftgröße verändern, dem Text Aufzählungszeichen und Ränder hinzufügen oder mit Schatten (farbiger Hintergrund) hinterlegen.
- Sie können die Position eines Textes innerhalb einer Seite verändern. Wie Sie Text mit Hilfe der TAB-Taste verschieben, haben Sie ja schon gelernt. Jetzt werden Sie noch zwei weitere Methoden kennen lernen: Ausrichten und Einrücken.

In dieser Lektion werden Sie außerdem erfahren, wie man Text innerhalb eines Dokuments oder mehrerer Dokumente kopiert und wie man Symbole und Sonderzeichen einfügt.

Neue Fähigkeiten   Am Ende dieser Lektion sollten Sie in der Lage sein,

- Text auszuwählen,
- Text zu formatieren (fett, kursiv und unterstrichen),
- Text zu kopieren, auszuschneiden und einzufügen,
- Text vom rechten und linken Rand her einzurücken,
- Text auszurichten (links, rechts, zentriert, bündig),
- Text mit Aufzählungszeichen zu erstellen,
- Schriftarten und Schriftgrößen sowie die Begriffe hochgestellt und tiefgestellt zu erklären,
- Rahmen und Schattierungen hinzuzufügen,
- *Words* Zoom-Funktion zu verwenden, um die Dokumentenanzeige zu vergrößern bzw. zu verkleinern,
- ein *Word*-Dokument auf Diskette zu speichern,
- Symbole und Sonderzeichen einzufügen,
- den *Word*-Befehl FORMAT ÜBERTRAGEN zu verwenden.

Neue Wörter   Am Ende dieser Lektion sollten Sie in der Lage sein, folgende Begriffe zu erklären:

- Auswählen

- Aufzählung
- Zwischenablage
- Schriftart
- Einrücken
- Hochgestellt
- Tiefgestellt
- Ausrichtung
- Format übertragen

Text auswählen

Wenn Sie Text formatieren oder positionieren möchten, handelt es sich normalerweise nur um einen bestimmten Buchstaben, ein Wort, eine Wortfolge oder einen Abschnitt, auf den die Änderung angewendet werden soll.

Um *Word* mitzuteilen, welchen Teil des Textes Sie verändern möchten, müssen Sie ihn auswählen. Diesen Vorgang bezeichnet man auch manchmal als Hervorheben oder Markieren.

> Ausgewählter Text
>
> In den **vergangenen Jahren** waren Sie so freundlich, immer einen Preis für unser Glücksrad zu stiften.

Wenn Sie Text auswählen, so stellt *Word* ihn negativ dar (weiße Schrift auf schwarzem Hintergrund), ähnlich wie beim Negativ eines Fotos.

Text auswählen

Das Hervorheben eines Textteils, um daran Veränderungen bezüglich der Formatierung oder Ausrichtung vorzunehmen.

Formatieren und Ausrichten sind nur zwei der möglichen Änderungen, die Sie an ausgewähltem Text vornehmen können. Später werden Sie noch erfahren, wie man Text sucht und ersetzt und die Rechtschreibprüfung an ausgewähltem Text anwendet.

Um in einem *Word*-Dokument Text auszuwählen bzw. zu markieren, stehen Ihnen mehrere Möglichkeiten zur Verfügung:

- Zum Markieren eines einzelnen Worts platzieren Sie den Mauszeiger mitten im Wort und führen Sie dann einen Doppelklick aus.
- Um Text in einer Zeile auszuwählen, ziehen Sie die Maus bei gedrückter Taste nach rechts, bis Sie die Buchstaben oder Wörter, die Sie auswählen möchten, hervorgehoben haben. Alternativ kön-

nen Sie den Mauszeiger links im Markierungsbereich platzieren und einmal klicken.

- Um einen ganzen Absatz zu markieren, platzieren Sie den Mauszeiger links im Markierungsbereich und führen dann einen Doppelklick aus.
- Um Text über mehrere Zeilen auszuwählen, ziehen Sie die Maus bei gedrückter Taste nach rechts und dann nach unten, bis Sie die Zeilen, die Sie auswählen möchten, hervorgehoben haben.
- Um das gesamte Dokument auszuwählen, halten Sie die Steuerungstaste gedrückt und klicken irgendwo in den linken Randbereich. Alternativ können Sie den Mauszeiger auch links im Markierungsbereich platzieren und dreimal klicken.

Steuerungstaste

Übung 11: Text auswählen

In dieser Übung erfahren Sie, wie man Text auswählt: Buchstaben, Wörter, Sätze und ganze Abschnitte.

1) Öffnen Sie *Word* und den Brief, den Sie in Übung 9 abgespeichert haben.
2) Setzen Sie den Cursor links neben den Buchstaben *S* von *Sehr geehrter Herr Müller*.

3) Ziehen Sie die Maus nach rechts, bis der Buchstabe *S* ausgewählt ist, und lassen Sie die Maustaste los.

   Sie haben gelernt, wie man einen einzelnen Buchstaben auswählt. Klicken Sie nun irgendwo im Dokument, um die Auswahl des Buchstabens aufzuheben. Die Auswahl eines Textbereichs aufzuheben, bedeutet nicht, dass dieser Teil gelöscht wird. Es hat nur zur Folge, dass er nicht mehr ausgewählt, also hervorgehoben ist.

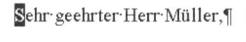

4) Setzen Sie den Cursor wieder links neben den Buchstaben *S* und ziehen Sie diesmal die Maus, bis Sie das gesamte Wort *Sehr* ausgewählt haben.

   Lassen Sie die Maustaste los.

5) Bringen Sie den Cursor nun wieder links neben den Buchstaben *S* und ziehen Sie die Maus nach rechts und nach unten, bis Sie den ersten Absatz Ihres Briefes ausgewählt haben.

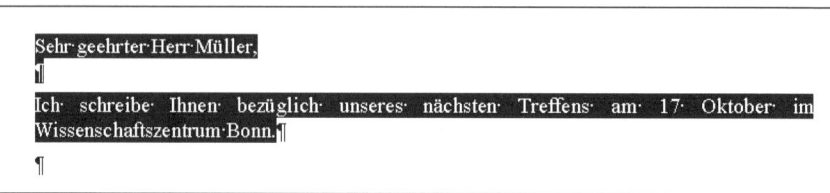

Sie haben gelernt, wie man mehrere Zeilen Text auswählt. Klicken Sie irgendwo ins Dokument, um die Auswahl aufzuheben.

Die Übung ist hiermit beendet. Sie sollten aber an den verschiedenen Stellen des Dokuments das Auswählen von Textstellen durch das Ziehen der Maus in verschiedene Richtungen noch weiter üben.

Einen Text formatieren

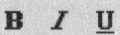

Schaltflächen Format

Die am häufigsten in *Word* verwendeten Formatierungen sind:

- **Fett:** Dicker, schwarzer Text, oft als Überschrift verwendet.
- *Kursiv:* Schräger Text, oft zum Hervorheben von Fremdwörtern verwendet.
- <u>Unterstrichen:</u> Eine einfache Linie unter dem Text, oft in Rechtsdokumenten und als Unterschriftenlinie in Briefen verwendet.

Sie finden diese Schaltflächen in der Formatierungssymbolleiste. In der nächsten Übung lernen Sie, wie man die Formate FETT und *Kursiv* anwendet.

Übung 12: Das Format Fett anwenden

1) Bringen Sie den Cursor an den Anfang der ersten Zeile der Adresse.
2) Ziehen Sie mit der Maus, bis Sie die gesamte Adresse ausgewählt haben.
3) Klicken Sie auf die Schaltfläche FETT oder drücken Sie STRG+ Umschalttaste+f (Steuerungstaste und Umschalttaste gedrückt halten und gleichzeitig auf f drücken).
4) Heben Sie die Auswahl auf, indem Sie auf irgendeine Stelle im Dokument klicken.

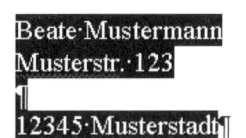

Das Format fett zuweisen

Übung 13: Das Format Kursiv anwenden

1) Bringen Sie den Cursor an den Anfang von B. Mustermann.
2) Ziehen Sie die Maus nach rechts, bis der komplette Name ausgewählt ist.
3) Klicken Sie auf die Schaltfläche KURSIV oder drücken Sie STRG+Umschalttaste+k.
4) Heben Sie die Auswahl auf, indem Sie auf irgendeine Stelle im Dokument klicken.

Gut gemacht! Speichern Sie Ihren Brief jetzt ab.

Einen Text kopieren und einfügen

Stellen Sie sich vor, Sie möchten denselben Text, Wörter oder Abschnitte, mehr als einmal in einem Dokument verwenden. Müssen Sie dann alles noch einmal schreiben? Nein, müssen Sie nicht.

Mit *Word* brauchen Sie einen Text nur einmal zu schreiben. Sie können ihn dann so oft Sie möchten irgendwo einfügen. Das geschieht in zwei Schritten:

- **Kopieren:** Sie wählen einen Text aus und kopieren ihn dann in die Zwischenablage, einen temporären Speicher.
- **Einfügen:** Sie fügen den Text aus der Zwischenablage an einer anderen Stelle desselben oder auch eines anderen Dokuments wieder ein.

Zwischenablage

Ein temporärer Speicherort, in den Sie Text (oder Grafik) kopieren können. Sie können die Daten aus der Zwischenablage an jede Stelle desselben oder auch eines anderen Dokuments einfügen.

Übung 14: Kopieren und Einfügen eines Textes innerhalb eines Dokuments

1) Wählen Sie den zweiten Absatz Ihres Briefs aus.

> In den vergangenen Jahren waren Sie so freundlich, immer einen Preis für unser Glücksrad zu stiften.¶

 Schaltfläche Kopieren

2) Klicken Sie auf die Schaltfläche KOPIEREN der Standardsymbolleiste oder wählen Sie BEARBEITEN/KOPIEREN.

 Schaltfläche Einfügen

3) Setzen Sie den Cursor nun links an die Absatzmarke der nächsten Zeile.

> In den vergangenen Jahren waren Sie so freundlich, immer einen Preis für unser Glücksrad zu stiften.¶
> ¶

4) Klicken Sie auf die Schaltfläche EINFÜGEN der Standardsymbolleiste oder wählen Sie BEARBEITEN/EINFÜGEN.

> In den vergangenen Jahren waren Sie so freundlich, immer einen Preis für unser Glücksrad zu stiften.¶
> In den vergangenen Jahren waren Sie so freundlich, immer einen Preis für unser Glücksrad zu stiften.¶

Wählen Sie den Absatz, den Sie aus der Zwischenablage eingefügt haben, aus und drücken Sie die ENTF-Taste. Sie benötigen diesen Absatz nicht mehr.

Wichtiges über die Zwischenablage

Es gibt vier Dinge, die Sie über die Zwischenablage wissen sollten:

- Die Zwischenablage ist temporär. Wenn Sie den Computer abschalten, ist der Inhalt der Zwischenablage gelöscht.

- Dieselbe Zwischenablage ist für alle *Windows*-Anwendungen verfügbar. So können Sie also z.B. aus *Excel* kopieren und in *Word* einfügen.
- Die Zwischenablage fasst bis zu zwölf Elemente (Text, Grafik etc.). Werden mehr als zwölf Speicherplätze in der Zwischenablage benötigt, so wird der erste Inhalt gelöscht, um Platz zu schaffen, usw.
- Inhalte bleiben auch nach dem Einfügen in der Zwischenablage erhalten. Sie können also denselben Inhalt einfügen, so oft und wo Sie möchten.

Übung 15: Text zwischen verschiedenen Dokumenten kopieren und einfügen

Die Zeile, die Sie in Übung 14 kopiert haben, befindet sich also immer noch in der Zwischenablage. In dieser Übung fügen Sie diese in ein anderes Dokument ein.

Schaltfläche Neu

1) Klicken Sie auf die Schaltfläche NEU, um ein neues, leeres Dokument zu erstellen.
2) *Word* platziert den Cursor an den Anfang des Dokuments.
3) Klicken Sie auf die Schaltfläche EINFÜGEN der Standardsymbolleiste oder wählen Sie BEARBEITEN/EINFÜGEN.
4) Wählen Sie DATEI/SCHLIESSEN, um das neue Dokument zu schließen. Wenn *Word* Sie fragt, ob Sie das neue Dokument speichern möchten, klicken Sie auf NEIN.

Wenn Sie mehr als ein Dokument geöffnet haben, können Sie zwischen den einzelnen Dokumenten hin und her springen, indem Sie FENSTER/<DOKUMENTENNAME> wählen.

Einen Text ausschneiden und einfügen

Es kann vorkommen, dass Sie einen Teil des Textes in einem Dokument entfernen und ihn an einer anderen Stelle wieder einfügen möchten.

Statt Text zu löschen und an einer anderen Stelle wieder neu zu schreiben, ermöglicht *Word* es Ihnen, Text zu verschieben. Dazu schneiden Sie ihn an der aktuellen Stelle aus, um ihn an einer neuen Stelle wieder einzufügen.

Ausschneiden/Einfügen unterscheidet sich von *Kopieren/Einfügen* in der Weise, dass *Word* den ausgeschnittenen Text entfernt, während kopierter Text an seinem ursprünglichen Ort verbleibt. Sie können ausgewählten Text über die Schaltfläche AUSSCHNEIDEN in der Standardsymbolleiste oder über das Menü BEARBEITEN/AUSSCHNEIDEN ausschneiden.

Tastenkombinationen   Über Tastenkombinationen zum Kopieren, Ausschneiden und Einfügen kommen Sie eventuell schneller zum Ziel, da die Hände an der Tastatur bleiben.

- Kopieren: STRG+c
- Einfügen: STRG+v
- Ausschneiden: STRG+x

Sie können aber auch einen Rechtsklick auf Ihr Dokument ausführen. Es erscheint ein Kontextmenü mit den verfügbaren Befehlen zum Kopieren, Ausschneiden und Einfügen.

Formatierte Dokumente   Alle *Word*-Dokumente sind formatiert, einige mehr, andere weniger. Am Ende der Lektion finden Sie die *Word*-Werkzeuge, um ein Poster zu formatieren. Dazu gehören die Funktionen Einrücken, Ausrichten, Aufzählung, Schriftarten, Rahmen und Schattierungen.

Rechter und linker Einzug   Der Begriff Einzug steht für das Einrücken vom Rand. Das *Word*-Merkmal Einzug ermöglicht es, einen Textabsatz in einen gewissen Abstand zum rechten oder linken Rand oder beides zu bringen.

Um einen ausgewählten Absatz einzurücken, wählen Sie FORMAT/ABSATZ und tragen Sie dann die benötigten Abstände rechts und/oder links im Register *Einzüge und Abstände* des Dialogfelds *Absatz* ein.

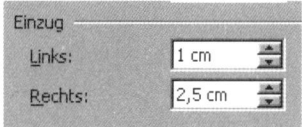

In langen Dokumenten kommt es vor, dass Einzüge dazu verwendet werden, die Aufmerksamkeit auf bestimmte Textpassagen zu lenken. Hier ein Beispiel für einen rechten und linken Einzug, verbunden mit dem Format kursiv.

In den weiteren erfolgreichen Jahren stiegen die Einkünfte um 35% und die Gewinne um 47,5%. Unser Unternehmen ist gut vorbereitet auf die Herausforderungen der Zukunft.

Einzug
Die Positionierung eines Textabsatzes mit bestimmten Abständen zum rechten und/oder linken Rand.

Einen Text ausrichten

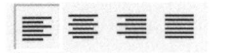

Schaltflächen Ausrichten

Text ausrichten bedeutet, ihn in eine bestimmte horizontale (rechts/links) Form zu bringen. *Word* bietet vier Möglichkeiten an:

- **Links:** Das ist die Standardeinstellung, die für Briefe und Geschäftsdokumente verwendet wird. Links ausgerichteter Text ist in der Regel am einfachsten zu lesen.

- **Zentriert:** Platziert den Text genau zwischen den rechten und linken Rand. Wird oft bei Überschriften verwendet.
- **Rechts:** Richtet den Text am rechten Rand der Seite aus. Wird von Grafikern zu dekorativen Zwecken verwendet.
- **Block:** Der Text ist gleichzeitig am rechten und linken Rand ausgerichtet. Wird bei schmalen Spalten wie z.B. Zeitungen und Zeitschriften verwendet.

Verwenden Sie keinen Blocksatz, wenn sich Ihr Text in einer Spalte befindet, die über die gesamte Breite des Dokuments geht (wie bei Briefen üblich). Es wird dadurch schwieriger, den Text zu lesen.

Sie können nur Absätze ausrichten und keine einzelnen Buchstaben oder Wörter innerhalb eines Absatzes.

Um einen einzelnen Absatz auszurichten, brauchen Sie nicht den gesamten Absatz auszuwählen. Sie brauchen nur den Cursor an eine Stelle innerhalb des Absatzes zu setzen. Die vier Schaltflächen für die Ausrichtung finden Sie auf der Formatierungssymbolleiste.

> **Ausrichten**
>
> *Die horizontale Positionierung von Zeilen in einem Absatz. Sie können einen gemeinsamen Mittelpunkt haben, im gleichen Abstand rechts oder links vom Rand stehen, oder eine gleichmäßige Ausrichtung der Textzeilen bezüglich beider Ränder haben.*

Aufzählung mit Zeichen und Zahlen

Schaltfläche Aufzählungszeichen

Schaltfläche Nummerierung

Aufzählungslisten eignen sich gut, um mehrere kurze Aussagen oder Anweisungen aufzulisten. Man unterscheidet dabei zwei Arten:

- **Liste mit Aufzählungszeichen:** Sie wird verwendet, wenn die Reihenfolge nicht so wichtig ist. In der Regel ist das Zeichen vor der Aufzählung ein Punkt, ein Viereck, eine Raute, ein Strich oder ein Pfeil. Um eine Liste mit Aufzählungszeichen zu erstellen, wählen Sie den Absatz aus und klicken auf die Schaltfläche AUFZÄHLUNGSZEICHEN in der Formatierungssymbolleiste.
- **Nummerierte Liste:** Sie wird verwendet, wenn die Reihenfolge wichtig ist. Dies ist z.B. bei Anweisungen und Benutzungsvorschriften der Fall. Jedem Element wird eine Nummer in ansteigender Reihenfolge zugeordnet. Um eine nummerierte Liste zu erstellen, wählen Sie den Absatz aus und klicken auf die Schaltfläche NUMMERIERUNG in der Formatierungssymbolleiste.

Sie können auch eine Liste erstellen, indem Sie FORMAT/NUMMERIERUNG UND AUFZÄHLUNG wählen. *Word* bietet Ihnen eine Palette verschiedener

Aufzählungszeichen und Zahlenformate sowie verschiedene Abstände zwischen Nummer bzw. Zeichen und dem eigentlichen Listentext.

Listen mit Zahlen und Aufzählungszeichen

Eine Liste kurzer Aussagen. Die Liste kann mit davor stehenden Zeichen (Punkt, Strich etc.) oder Nummern (in aufsteigender Reihenfolge) gegliedert sein.

Die Übungen 16, 17 und 18 führen Sie durch die einzelnen Schritte, um einen ausgewählten Text als Aufzählung mit Zeichen oder Zahlen zu formatieren.

Übung 16: Liste mit Zahlen versehen

Feststelltaste

1) Öffnen Sie ein neues Dokument, drücken Sie die Feststelltaste einmal, schreiben Sie den folgenden Text und drücken Sie zweimal die Eingabetaste.

    MEIN LIEBLINGSOBST

    (Die Feststelltaste befindet sich links neben dem Buchstaben *a*. Nachdem Sie diese Taste gedrückt haben, wird jeder angeschlagene Buchstabe als Großbuchstabe dargestellt.)

2) Drücken Sie die Feststelltaste noch einmal, um die Großschreibung aufzuheben.

3) Wählen Sie den Text aus, indem Sie vor das *M* in *Mein* klicken und die Maus nach rechts ziehen.

    • MEIN·LIEBLINGSOBST   MEIN·LIEBLINGSOBST¶

    Klicken Sie vor den Text...   und ziehen Sie die Maus nach rechts.

4) Klicken Sie auf die Schaltfläche UNTERSTRICHEN in der Formatierungssymbolleiste, um den ausgewählten Text zu unterstreichen.

5) Klicken Sie an das rechte Zeilenende und drücken Sie zweimal die Eingabetaste für zwei neue Zeilen.

    • MEIN·LIEBLINGSOBST¶
    ¶
    Äpfel¶
    Bananen¶
    Trauben¶
    Kiwis¶
    Orangen¶
    Pfirsiche¶

6) Schreiben Sie die folgenden sechs Obstnamen und drücken Sie nach jedem Wort die Eingabetaste: Äpfel, Bananen, Trauben, Kiwis, Orangen, Pfirsiche. Ihr Text sollte nun so aussehen.

7) Wählen Sie nun die sechs Obstnamen aus, indem Sie vor das *Ä* von *Äpfel* klicken und dann die Maus nach rechts und unten ziehen, bis Sie bei der letzten Absatzmarke angekommen sind.

8) Klicken Sie auf die Schaltfläche NUMMERIERUNG in der Formatierungssymbolleiste, um dem ausgewählten Text eine Nummerierung zuzuweisen.

9) Klicken Sie irgendwo im Dokument, um die Auswahl des Textes aufzuheben. Ihr Text sollte nun so aussehen. (Die Pfeile nach den Zahlen sind nicht druckbare Zeichen.)

- MEIN·LIEBLINGSOBST¶
  ¶
  1. → Äpfel¶
  2. → Bananen¶
  3. → Trauben¶
  4. → Kiwis¶
  5. → Orangen¶
  6. → Pfirsiche¶

10) Wählen Sie DATEI/SPEICHERN oder drücken Sie STRG+s, um das Dokument zu speichern. Falls Ihre Initialen BM sind, speichern Sie es z.B. unter *BMListe.doc*. Lassen Sie das Dokument geöffnet.

In Übung 17 ersetzen Sie die Zahlen in der Liste aus Übung 16 durch Zeichen.

Übung 17: Liste mit Aufzählungszeichen versehen

1) Wählen Sie die sechs Obstnamen aus, die Sie in Übung 16 eingegeben haben. (Sie werden feststellen, dass Sie die Zahlen nicht mit auswählen können. Warum ist das so? Sie sind kein eingegebener Text, sondern wurden von *Word* automatisch generiert.)

2) Klicken Sie auf die Schaltfläche AUFZÄHLUNGSZEICHEN in der Formatierungssymbolleiste. *Word* ersetzt nun die Zahlen durch Zeichen.

3) Wählen Sie FORMAT/NUMMERIERUNG UND AUFZÄHLUNG, dann das Register *Aufzählung* und klicken Sie auf ANPASSEN.

4) Ersetzen Sie nun im Feld *Textposition* den Wert 0,63cm (Standardwert) durch 1 cm und klicken Sie dann auf OK.

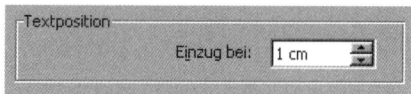

5) Klicken Sie irgendwo im Dokument außerhalb des ausgewählten Bereichs, um die Auswahl aufzuheben.

Ihr Text sollte nun so aussehen.

(Die Pfeile nach den Zeichen sind nicht druckbare Zeichen.)

- MEIN·LIEBLINGSOBST¶
  ¶
  • → Äpfel¶
  • → Bananen¶
  • → Trauben¶
  • → Kiwis¶
  • → Orangen¶
  • → Pfirsiche¶

Manchmal möchten Sie vielleicht nur bestimmten Elementen eine Aufzählung zuweisen. Übung 18 zeigt Ihnen dazu ein Beispiel.

Übung 18: Ausgewählten Elementen in einer Liste Aufzählungszeichen zuweisen

1) Klicken Sie auf die Absatzmarke hinter dem Wort Kiwi und drücken Sie die Eingabetaste, um eine neue Zeile zu erzeugen. Sie werden feststellen, dass *Word* ein Aufzählungszeichen vor die Zeile setzt.

2) Schreiben Sie Folgendes: (mein absoluter Favorit)

3) Sie möchten nun nicht, dass diese neue Zeile durch ein Aufzählungszeichen angeführt wird.

4) Wählen Sie die neue Zeile aus und klicken Sie auf die Schaltfläche AUFZÄHLUNGS-ZEICHEN in der Formatierungssymbolleiste. *Word* entfernt das Aufzählungszeichen wieder von der ausgewählten Zeile.

5) Nun müssen Sie nur noch die neue Zeile an den anderen Aufzählungszeilen ausrichten.

6) Die neue Zeile ist immer noch ausgewählt. Wählen Sie nun FORMAT/ABSATZ, tragen Sie einen *Einzug links* von 1 cm ein und klicken Sie auf OK.

7) Klicken Sie irgendwo im Dokument, um die Auswahl aufzuheben. Ihr Text sollte nun so aussehen.

- MEIN·LIEBLINGSOBST¶
  ¶
  • → Äpfel¶
  • → Bananen¶
  • → Trauben¶
  • → Kiwis¶
      (mein·absoluter·Favorit)¶
  • → Orangen¶
  • → Pfirsiche¶

Die Übung zur Nummerierung und Aufzählung ist hiermit beendet. Speichern Sie Ihr Dokument und schließen Sie es.

Schriftarten

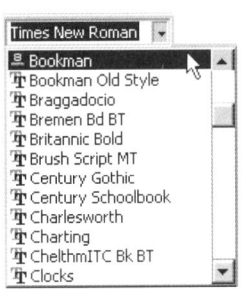

Eine Schriftart ist eine bestimmte Art von Text. Welche Schriftarten sind auf Ihrem Computer installiert? Klicken Sie auf den Pfeil am Dropdown-Menü *Schriftarten* in der Formatierungssymbolleiste, um die installierten Schriften zu sehen.

Müssen Sie sich die Namen und Charakteristika all dieser Schriften merken? Nein, müssen Sie nicht. Sie sollten sich allerdings zwei Dinge in Bezug auf Schriftarten merken:

- Es gibt eigentlich nur zwei Arten (Familien) von Schriften: Serifenschriften und serifenlose Schriftarten.

- Serifenschriften sind aufgrund der besseren Lesbarkeit besonders für lange Textabschnitte geeignet. Serifenlose Schriftarten eignen sich besonders für kurze Textabschnitte wie Überschriften, Titel und eventuell Auflistungen.

Sie können die Familienzugehörigkeit einer Schriftart danach beurteilen, ob sie Serifen (Schnörkel, Schwänzchen) an den Enden hat.

Serifenschrift

serifenlose Schrift

Serifenschriften	*Words* Standardschrift ist eine Serifenschrift mit Namen *Times New Roman*. Sie erhielt ihren Namen von der Londoner Zeitung *The Times*, für die sie in den 30er Jahren entwickelt wurde.
	Weitere bekannte Serifenschriften sind *Garamond* und *Century Schoolbook*.
	Dieser Text ist in Garamond geschrieben.
	Dieser Text ist in Century Schoolbook geschrieben.
Serifenlose Schriften	*Words* Standard für eine serifenlose Schrift ist Arial. Sie basiert auf einer anderen Schriftart namens Helvetica, die in den 70er Jahren die am meisten verwendete Schriftart war.
	Weitere bekannte serifenlose Schriften sind Futura und AvantGarde.
	Dieser Text ist in Futura geschrieben.
	Dieser Text ist in AvantGarde geschrieben.

> **Schriftarten**
> *Eine bestimmte Art von Schrift. Die zwei Hauptfamilien sind Serifenschriften und serifenlose Schriften.*

Schriftgrößen

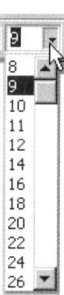

Schriftgrößen werden in einer nicht metrischen Einheit namens Punkt gemessen. Dabei entsprechen 72 Punkt ungefähr 2,2 cm.

- Für einen Textkörper oder ein längeres Geschäftsdokument, z.B. einen Bericht, ist ein Schriftgrad von 10, 11 oder 12 Punkt angemessen. Für Überschriften werden Schriftgrößen zwischen 14 und 28 Punkt verwendet.
- Für die Beschriftung von Kopf- oder Fußzeilen, Fußnoten und Bildunterschriften wird oft eine Schriftgröße von 8 oder 9 Punkt verwendet.

Um die Schriftgröße eines ausgewählten Textes zu verändern, klicken Sie auf die benötigte Schriftgröße der Dropdown-Liste für Schriftgrößen in der Formatierungssymbolleiste.

Schrifteigenschaften

Über das Dialogfeld FORMAT/ZEICHEN können Sie den einzelnen Schriften mehrere Eigenschaften wie Schriftschnitt, Effekte, Farbe und Abstand zuweisen.

Schriftschnitt

Sie haben diese verschiedenen Möglichkeiten schon über die Schaltflächen FETT und KURSIV in der Formatierungssymbolleiste angewendet.

Unterstreichen	Hier gibt es eine Vielzahl von Möglichkeiten. Die einfache Unterstreichung ist nicht nur die einfachste, sondern auch die gebräuchlichste. Sie wird auch zugewiesen, wenn Sie die Schaltfläche UNTERSTREICHEN in der Formatierungssymbolleiste verwenden.
Schriftfarbe	Haben Sie einen Farbdrucker? Wenn ja, möchten Sie eventuell einmal eine andere Schriftfarbe als *Auto* zuweisen. Und auch ohne Farbdrucker möchten Sie vielleicht Ihre Überschriften einmal in Grau drucken.
	Welche Farbe ist nun *Auto*? *Auto* ist schwarz, es sei denn, der Hintergrund ist schwarz oder dunkelgrau. In diesen Fällen wechselt Auto zu weiß.
Effekte	Sie können mit den verschiedenen Schrifteffekten experimentieren, indem Sie die verschiedenen Effekte in den Kontrollkästchen des Dialogfeldes ZEICHEN anklicken und sich das Ergebnis im Vorschaufenster gleich darunter anschauen.

Ein wichtiger Effekt, den Sie kennen sollten, heißt *hochgestellt*.

Diese Auswahl bewirkt einen Versatz des ausgewählten Textes nach oben in der gleichen Zeile, während der Schriftgrad gleichzeitig reduziert wird. Das Hochstellen von Text wird häufig für mathematische Symbole wie 2^2, X^8 oder 10^3 verwendet.

Hochgestellt
Text, der höher als der Resttext in der gleichen Zeile gestellt wird und dessen Schriftgrad gleichzeitig reduziert wird. Wird häufig in mathematischen Texten als Indexziffer verwendet.

Das Gegenteil von hochgestellt ist tiefgestellt. Sie werden diesen Effekt beispielsweise in chemischen Formeln wie H_2SO_4 finden.

Tiefgestellt
Text, der tiefer als der Resttext in der gleichen Zeile gestellt wird und dessen Schriftgrad gleichzeitig reduziert wird. Wird häufig in chemischen Texten für Formeln verwendet.

Schriftabstand

Sie können den Abstand zwischen den einzelnen Buchstaben vergrößern oder verringern, indem Sie die Option *Laufweite* des Registers *Abstand* im Dialogfeld *Zeichen* verwenden.

Hier ein Text, dessen Laufweite um 1 Punkt erweitert ist.

Dieser Buchstabenabstand eignet sich gegebenenfalls für Überschriften.

Rahmen und Schattierung von Schrift

Sie können Ihren Dokumenten eine besondere Note geben, indem Sie Rahmen (dekorative Kästchen) und Schattierungen (farbige Hintergründe) verwenden, die Ihnen als Optionen über FORMAT/RAHMEN UND SCHATTIERUNG zur Verfügung stehen.

Word bietet eine Reihe von verschiedenen Rahmenmöglichkeiten, wobei *Kontur* und *Schattiert* die gebräuchlichsten sind. Verwenden Sie die Vorschau auf der rechten Seite des Dialogfeldes, um die entsprechenden Seiten auszuwählen, die Sie als Rahmen dargestellt haben möchten. Als Standard sind alle vier Seiten ausgewählt.

Achten Sie auch auf das Dropdown-Feld *Anwenden auf* unten rechts. Ihre Wahl ist entscheidend dafür, wie *Word* den Befehl ausführt. Schauen Sie sich die Beispiele an.

Um einem ausgewählten Text eine Schattierung zuzuweisen, wählen Sie FORMAT/RAHMEN UND SCHATTIERUNG und suchen dann die entsprechenden Optionen für Ausfüllen, Linienart und Farbe im Register *Schattierung* des Dialogfeldes.

- Ausfüllen: Hier wird die Farbe für die Schattierung bestimmt. Wenn Sie eine schwarze Schrift mit grauem Schatten hinterlegen, sollte das Grau nicht mehr als 25% betragen, da der Text sonst nur schwer zu lesen ist.

- Linienart: Diese Option erlaubt es Ihnen, verschiedene Tönungen (Farbprozente) oder Muster einer zweiten Farbe (im Feld *Farbe* auszuwählen) über der ausgewählten Füllfarbe zuzuweisen. Wenn Sie keine zweite Farbe zuweisen möchten, lassen Sie einfach den Standardwert *Transparent* im Feld *Linienart* stehen.

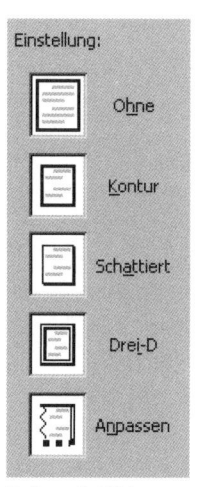

Optionen bei Rahmen

- Farbe: Wenn Sie im Feld *Linienart* ein Muster ausgewählt haben, können Sie hier die Farbe der Linien und Punkte in diesem Muster auswählen.

Sie können Rahmen und Schattierung einem oder mehreren Buchstaben, aber auch Wörtern und ganzen Absätzen zuweisen. Sie müssen nicht beides gemeinsam anwenden, aber in der Regel werden die Merkmale Rahmen und Schattierung zusammen verwendet.

Übung 19: Ein Poster entwerfen

Übung macht den Meister. In dieser Übung verwenden Sie die in dieser Lektion erlernten Kenntnisse über Formatierung (Schriftarten, Aufzählung, Rahmen und Schattierung) und Textposition (Ausrichtung und Einzug). Das Ziel ist es, ein Poster mit Text zu entwerfen.

1) Öffnen Sie ein neues Dokument und schreiben Sie den angegebenen Text.

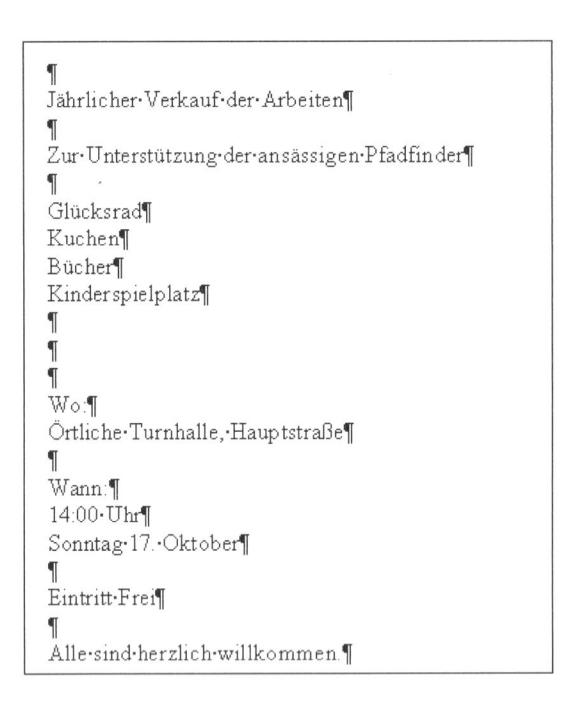

```
¶
Jährlicher·Verkauf·der·Arbeiten¶
¶
Zur·Unterstützung·der·ansässigen·Pfadfinder¶
¶
Glücksrad¶
Kuchen¶
Bücher¶
Kinderspielplatz¶
¶
¶
¶
Wo:¶
Örtliche·Turnhalle,·Hauptstraße¶
¶
Wann:¶
14:00·Uhr¶
Sonntag·17.·Oktober¶
¶
Eintritt·Frei¶
¶
Alle·sind·herzlich·willkommen.¶
```

2) Wählen Sie den Text *Jährlicher Verkauf der Arbeiten* aus und weisen Sie ihm über FORMAT/ZEICHEN das Format *Times New Roman, 28* Punkt und *Zentriert* zu.

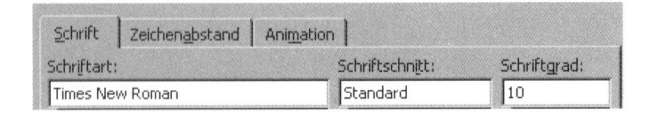

Schrift	Zeichenabstand	Animation
Schriftart:	Schriftschnitt:	Schriftgrad:
Times New Roman	Standard	10

3) Wählen Sie FORMAT/RAHMEN UND SCHATTIERUNG, dann *Kontur* und im Feld *Übernehmen für: Text* als Option.

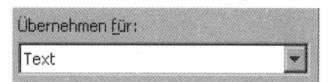

4) Aus der Schattierungstabelle wählen Sie 15% grau. Klicken Sie dann auf OK.

5) Wählen Sie nun den Text *Zur Unterstützung der ansässigen Pfadfinder* aus. Verwenden Sie die Optionen auf der Formatierungssymbolleiste, um den Text zu *zentrieren* und ihn in *Arial 14* Punkt zu ändern.

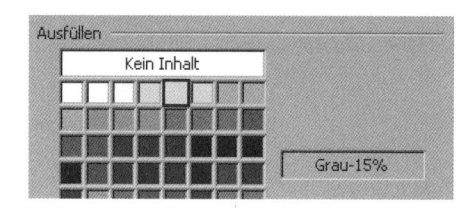

6) Wählen Sie die vier Attraktionen Glücksrad, Kuchen, Bücher und Kinderspielplatz aus und ändern Sie diese in *Arial 20* Punkt.

   Stellen Sie sicher, dass die Absatzmarke hinter Kinderspielplatz mit ausgewählt ist.

   Wählen Sie FORMAT/NUMMERIERUNG UND AUFZÄHLUNG. Im Register *Aufzählung* wählen Sie Rauten als Aufzählungszeichen aus.

Aufzählungszeichen Raute

7) Die Aufzählung sollte dort plaziert werden, wo sie die Aufmerksamkeit auf sich zieht, also zwischen dem rechten und linken Seitenrand.

   Weisen Sie aber nicht *zentriert* als Ausrichtung zu, wie unten dargestellt. Denn die Aufzählung ist einfacher zu lesen, wenn die Aufzählungszeichen untereinander angeordnet sind.

   ♦→Glücksrad¶
   ♦→Kuchen¶
   ♦→Bücher¶
   ♦→Kinderspielplatz¶

8) Die vier Attraktionen sind immer noch ausgewählt. Wählen Sie FORMAT/ABSATZ und weisen Sie einen linken Einzug von 4,5 cm zu.

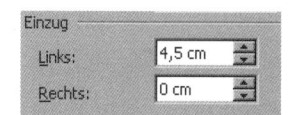

   Der Text der Aufzählung erscheint nun linksbündig, aber auf der Mitte der Seite.

9) Wählen Sie den restlichen Text aus und weisen Sie ihm *Arial, Standard 20* Punkt und *zentrieren* zu.

10) Wählen Sie nun hintereinander die Wörter *Wo, Wann* und *Eintritt Frei* aus und klicken Sie auf die Schaltfläche FETT in der Formatierungssymbolleiste.

11) Markieren Sie die Wörter *Alle sind herzlich willkommen* und weisen Sie ihnen über die Schaltfläche KURSIV den entsprechenden Schriftschnitt zu.

12) Am Ende platzieren Sie den Cursor irgendwo auf der Seite, wählen FORMAT/RAHMEN UND SCHATTIERUNG und gehen auf das Register *Seitenrand*.

Wählen Sie hier die Option *Kontur* und im Feld *Übernehmen für*: *Gesamtes Dokument*. Klicken Sie nun auf OK.

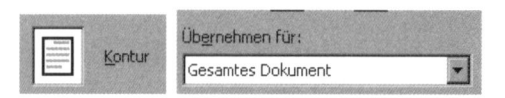

Ihr Poster ist nun fertig gestellt und sollte wie das abgebildete Beispiel aussehen. Speichern Sie Ihr Poster unter einem Namen ab, den Sie leicht behalten und wiedererkennen, beispielsweise BMposter.doc.

Wenn Sie über einen Drucker verfügen, drucken Sie Ihr Poster aus, um Ihr Werk zu begutachten.

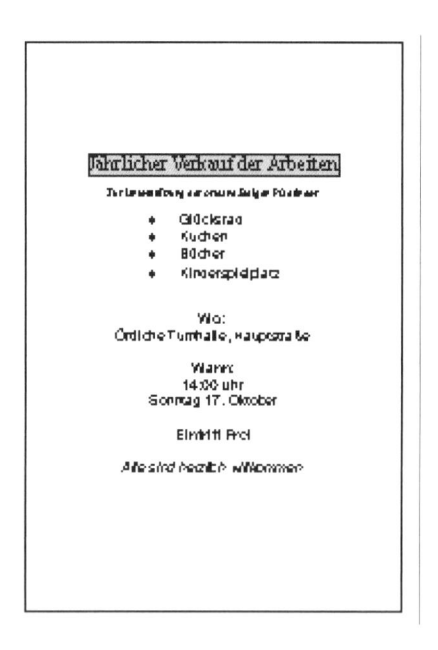

Die Zoom-Ansichten in Word

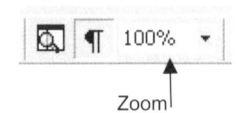

Mit der Zoom-Funktion in *Word* können Sie die Dokumentenansicht vergrößern oder verkleinern. Sie können diese Funktion auf zwei Arten verwenden:

- Klicken Sie auf das Zoom-Feld in der Standardsymbolleiste, wählen Sie einen Wert zwischen 100% und 500% aus und drücken Sie die Eingabetaste.

- Wählen Sie ANSICHT/ZOOM. Ein Dialogfenster wird angezeigt, in dem Sie eine Zoom-Option durch Anklicken auswählen können.

Um von einer vergrößerten oder verkleinerten Ansicht wieder zur Normalgröße zu gelangen, wählen Sie 100% oder klicken auf die Schaltfläche RÜCKGÄNGIG in der Standardsymbolleiste.

Zoom und Drucken

Die Zoom-Funktion hat nur Einfluss auf die Bildschirmdarstellung eines Dokuments und nicht darauf, wie es ausgedruckt wird. (In Lektion 3.3 werden Sie mehr über das Drucken von Dokumenten erfahren.)

Auf eine Diskette speichern

Haben Sie Ihre Dokumente im Verlauf der Übungen gespeichert? Sie sollten es jedenfalls getan haben. Es ist auch ratsam, eine Kopie Ihrer Arbeit auf Diskette zu speichern. Führen Sie die Schritte in Übung 20 aus, um Ihr Poster auf Laufwerk A: speichern.

Übung 20: Ein Word-Dokument auf Diskette speichern

1) Schieben Sie eine Diskette in das Diskettenlaufwerk Ihres Computers.

    Stellen Sie bei einer neuen Diskette sicher, dass sie formatiert ist.

    Wenn die Diskette schon beschrieben ist, stellen Sie sicher, dass genügend Speicherplatz vorhanden ist, um Ihr Poster darauf abzuspeichern. Die Größe Ihrer Posterdatei dürfte rund 60 KB betragen.

2) Wählen Sie DATEI/SPEICHERN UNTER. Gehen Sie auf Laufwerk A: und klicken Sie auf SPEICHERN, UM DIE DATEI ZU SPEICHERN. *Word* schlägt Ihnen den Standardnamen, in diesem Fall BMposter.doc, vor, den Sie akzeptieren oder ändern können.

Wenn Sie damit fertig sind, speichern Sie Ihr Dokument noch einmal an seinem ursprünglichen Ort auf Ihrem Computer ab.

Wenn Sie dies nicht tun, so wird das Dokument bei späteren Speicherungen (über DATEI/SPEICHERN oder die Schaltfläche SPEICHERN auf der Standardsymbolleiste) automatisch wieder auf Diskette und nicht auf der Festplatte Ihres Computers gespeichert.

Symbole und Sonderzeichen

Word ermöglicht es Ihnen, Symbole und Sonderzeichen in Ihr Dokument einzufügen.

- **Symbole:** Unter Symbolen versteht man unter anderem die Buchstaben fremder Sprachen mit Akzenten (z.B. á, é, ñ), Brüche und Zeichen, die in der Mathematik und in der Wissenschaft verwendet werden. Welche Symbole Ihnen zur Verfügung stehen, hängt von den verwendeten Schriftarten ab.

- **Sonderzeichen:** Darunter versteht man z.B. das Copyrightzeichen ©, das Registrierzeichen ®, das Trademarkzeichen ™ und typographische Zeichen wie Anführungszeichen etc.

Um ein Symbol oder Sonderzeichen einzufügen:

- Klicken Sie an die Stelle, an der das Zeichen stehen soll.

- Wählen Sie EINFÜGEN/SYMBOL und klicken Sie dann auf eines der Register *Symbole* oder *Sonderzeichen*.

- Führen Sie einen Doppelklick auf das Zeichen bzw. Symbol aus, das Sie einfügen möchten.
- Klicken Sie auf SCHLIESSEN, um das Dialogfeld zu schließen.

Format übertragen

Schaltfläche Format übertragen

Die Schaltfläche FORMAT ÜBERTRAGEN, die in *Word* zur Verfügung steht, ermöglicht es Ihnen, das Format eines ausgewählten Textes schnell und einfach auf einen anderen Text zu übertragen. Führen Sie die folgenden Schritte aus:

- Wählen Sie den Text aus, der das Format hat, welches Sie übertragen möchten.
- Klicken Sie auf die Schaltfläche FORMAT ÜBERTRAGEN in der Standardsymbolleiste.
- Wählen Sie nun den Text aus, auf den Sie das Format übertragen möchten.

Um das ausgewählte Format auf verschiedene Textstellen im Dokument zu übertragen, führen Sie einen Doppelklick auf die Schaltfläche FORMAT ÜBERTRAGEN aus.

Wenn Sie mit dem Kopieren des Formats fertig sind, klicken Sie erneut auf die Schaltfläche FORMAT ÜBERTRAGEN oder drücken Sie die ESC-Taste in der oberen linken Ecke Ihrer Tastatur.

Übung 21: Formatierung kopieren

Sie beginnen diese Übung mit der Aufhebung der Formatierung von zwei Zeilen Ihres Posters.

1) Wenn Sie das Poster-Dokument aus der Übung 19 nicht geöffnet haben, öffnen Sie es bitte.

2) Wählen Sie das Wort *Wo* aus, wählen Sie FORMAT/ZEICHEN und gehen Sie dann auf *10* Punkt, *Times New Roman, Standard* und klicken dann auf OK.

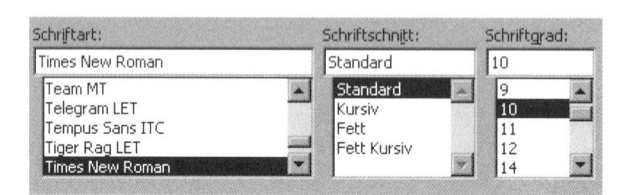

3) Wählen Sie das Wort *Wann* aus und ändern Sie es auch in *10* Punkt, *Times New Roman, Standard*.

Im nächsten Teil der Übung kopieren Sie die Formatierung eines anderen Teils des Posters, um Sie den zwei Zeilen, die Sie in Schritt 2 und 3 geändert haben, wieder zuzuweisen.

4) Klicken Sie irgendwo zwischen die Wörter *Eintritt Frei*.

5) Doppelklicken Sie auf die Schaltfläche FORMAT ÜBERTRAGEN.

6) Wählen Sie das Wort *Wo* aus und klicken Sie auf die Schaltfläche FORMAT ÜBERTRAGEN.

7) Wählen Sie das Wort *Wann* aus und klicken Sie auf die Schaltfläche FORMAT ÜBERTRAGEN.

8) Drücken Sie auf die Esc-Taste, um das Merkmal FORMAT ÜBERTRAGEN wieder auszuschalten.

Nun sieht Ihr Poster wieder so aus wie vor dieser Übung. Speichern Sie das Poster, schließen Sie das Dokument und beenden Sie *Microsoft Word*. Sie haben nun die Lektion 2 des ECDL Moduls Textverarbeitung abgeschlossen.

Zusammenfassung der Lektion: Das haben Sie gelernt

Bevor Sie einen Text formatieren oder ausrichten, müssen Sie ihn auswählen. Dazu klicken Sie mit der Maus und ziehen diese über den gewünschten Text. *Word* stellt ausgewählten Text negativ dar (weißer Text auf schwarzem Hintergrund).

Die gebräuchlichsten Formatierungen in *Word* sind *Fett, Kursiv* und *Unterstrichen*. Schaltflächen für diese Optionen finden Sie in der Formatierungssymbolleiste.

Sie können an einer Stelle im Dokument Text kopieren und ihn an einer anderen Stelle (auch in einem anderen Dokument) wieder einfügen. Dies geschieht über die Zwischenablage, einem temporären Speicherort. Sie können Text auch ausschneiden und wieder einfügen. In diesem Fall löscht *Word* den ausgeschnittenen Text an seiner ursprünglichen Stelle aus dem Dokument.

Einzug oder auch *Einrücken* bedeutet, Text in einem bestimmten Abstand zum rechten oder linken Seitenrand oder auch zu beiden Rändern zu verschieben. Mit dem Merkmal *Ausrichten* kann die Position von Text in einem Abschnitt beeinflusst werden, so dass dieser entweder mit dem rechten oder linken Rand bündig abschließt, bis zu beiden Rändern (Blocksatz) oder genau zwischen den beiden Rändern (zentriert) läuft. Schaltflächen für diese Optionen finden Sie in der Formatierungssymbolleiste.

Verwenden Sie Listen für kurze Aussagen oder ein Folge von Anweisungen. Aufzählungslisten, in denen jedem Element ein Aufzählungszeichen bzw. -symbol wie z.B. ein Punkt oder eine Raute vorangestellt wird, eignen sich besonders, wenn die Reihenfolge der einzelnen Elemente keine große Rolle spielt. Nummerierte Listen hingegen, bei denen jedem Element eine Zahl (in aufsteigender Reihenfolge) vorangestellt wird, eignen sich für Gebrauchsanweisungen und Anleitungen, bei denen es auf eine genaue Reihenfolge ankommt.

Schriften sind verschiedene Schriftarten, die auf einen Text angewendet werden können. Serifenschriften eignen sich eher für lange Texte, während serifenlose Schriften vor allem für Überschriften oder Bildunterschriften verwendet werden. Zwei wichtige Schrifteffekte sind Hochgestellt (wird in der Mathematik verwendet) und Tiefgestellt (wird in chemischen Formeln verwendet).

Sie können Ihren Dokumenten ein interessantes Aussehen verleihen, indem Sie mit dekorativen Rahmen und Schattierungen arbeiten.

Mit der Zoom-Funktion in *Word* können Sie die Dokumentenanzeige auf dem Bildschirm vergrößern oder verkleinern, ohne dass dies Auswirkungen beim Drucken hat.

Sie können auch Symbole und Sonderzeichen in Ihren Text einfügen, um z.B. Buchstaben aus anderen Sprachen mit Akzent oder Tilde, Brüche, Zeichen aus Wissenschaft und Mathematik und typographische Zeichen wie Gedankenstrich und Anführungszeichen darzustellen.

Der *Word*-Befehl FORMAT ÜBERTRAGEN bietet eine schnelle und bequeme Möglichkeit, um die Formatierung eines bestimmten Textes zu kopieren und auf einen anderen Teil des Textes zu übertragen.

Lektion 3: Umfangreiche Dokumente, kleine Details

Zu dieser Lektion

Um Ihnen bei der Eingabe von langen Texten behilflich zu sein, stellt *Word* eine Rechtschreib- und Grammatiküberprüfung sowie eine *Suchen/Ersetzen*-Funktion zur Verfügung.

Sie können dem Leser helfen, sich in Ihren Dokumenten zurechtzufinden, indem Sie Seitenzahlen und andere Details in Kopf- oder Fußzeilen einfügen.

Darüber hinaus werden Sie in dieser Lektion erfahren, wie Sie den vertikalen Abstand zwischen Zeilen und Absätzen steuern, wie Sie neue Einzüge festlegen, um Pausen zwischen Absätzen hervorzuheben, und wie Sie Zeilen- und Seitenwechsel einfügen.

Neue Fähigkeiten

Am Ende dieser Lektion sollten Sie in der Lage sein,

- die Abstände zwischen Zeilen und Absätzen zu verändern,
- einen Erstzeileneinzug im Absatz anzuwenden,
- einen hängenden Einzug im Absatz anzuwenden,
- Text zu suchen und zu ersetzen, auch formatierten Text und Sonderzeichen,
- Seitenränder und Papierformat anzupassen,
- Kopf- und Fußzeilen zu erstellen und zu formatieren,
- Seitenzahlen und andere Details in Kopf- oder Fußzeilen einzufügen,
- manuelle Zeilen- und Seitenwechsel einzufügen,
- die Rechtschreib- und Grammatikprüfung in *Word* zu verwenden
- und die Druckoptionen in *Word* zu benutzen.

Neue Wörter

Am Ende dieser Lektion sollten Sie in der Lage sein, folgende Begriffe zu erklären:

- Zeilenabstand
- Seitenrand
- Abstand zwischen Absätzen
- A4
- Erstzeileneinzug
- Kopf- und Fußzeile
- Hängender Einzug

Ein umfangreiches Dokument erstellen

Um den Umgang mit umfangreichen Dokumenten in *Word* zu erlernen, benötigen Sie ein langes Beispiel-Dokument. Zu Beginn kopieren Sie daher bitte einen Text aus der *Word*-Online-Hilfe.

Übung 22: Einen Text schreiben und mehrmals kopieren

1) Öffnen Sie *Word* und wählen Sie DATEI/NEU.

2) Schreiben Sie den folgenden Text in das leere Dokument.

   Internationaler Standard für PC-Anwender

   Sie kennen sich in manchen Anwendungen aus, aber es fällt Ihnen schwer, klar zu formulieren, welche Kenntnisse Sie tatsächlich haben.

   Auch sind Sie davon überzeugt, dass Sie Ihren PC effizient nutzen können, aber Sie haben keine Möglichkeit, das zu dokumentieren. In Stellenanzeigen ist oft von PC-Kenntnissen die Rede. Aber was bedeutet das eigentlich? Und wie können Sie sicher sein, diesen Anforderungen gerecht zu werden?

3) Beachten Sie dabei bitte auch die Absätze.

```
Internationaler Standard für PC-Anwender¶
Sie kennen sich in manchen Anwendungen aus, aber es fällt Ihnen schwer, klar zu formulieren, welchen
Kenntnisse Sie tatsächlich haben.¶
¶
Sie sind auch davon überzeugt, dass Sie Ihren PC effizient nutzen können, aber Sie haben keine Möglichkeit das
zu dokumentieren. In Stellenanzeigen ist oft von PC-Kenntnissen die Rede. Aber was bedeutet das eigentlich?
Und wie können Sie sicher sein, diesen Anforderungen gerecht zu werden?¶
```

4) Setzen Sie den Cursor an den Anfang der ersten Zeile und drücken Sie ENTER, um eine neue Zeile zu erstellen. Setzen Sie den Cursor an den Anfang dieser neuen Zeile.

5) Halten Sie STRG gedrückt und klicken Sie gleichzeitig in den linken Rand der Seite, wo sich kein Text befindet. Der gesamte Text im Dokument wird markiert.

```
Internationaler Standard für PC-Anwender¶
Sie kennen sich in manchen Anwendungen aus, aber es fällt Ihnen schwer, klar zu formulieren, welchen
Kenntnisse Sie tatsächlich haben.¶
¶
Sie sind auch davon überzeugt, dass Sie Ihren PC effizient nutzen können, aber Sie haben keine Möglichkeit das
zu dokumentieren. In Stellenanzeigen ist oft von PC-Kenntnissen die Rede. Aber was bedeutet das eigentlich?
Und wie können Sie sicher sein, diesen Anforderungen gerecht zu werden?¶
```

6) Wählen Sie BEARBEITEN/KOPIEREN, um den Text in die Zwischenablage zu kopieren. Heben Sie die Textauswahl auf, indem Sie irgendwo außerhalb des ausgewählten Textes ins Dokument klicken.

7) Setzen Sie den Cursor nach unten ans Ende des zweiten Absatzes und drücken Sie zweimal die Eingabetaste. Der Cursor rutscht zwei Zeilen nach unten.

8) Der Text, den Sie in die Zwischenablage kopiert haben, befindet sich immer noch dort. Wählen Sie BEARBEITEN/EINFÜGEN, um ihn einzufügen.

9) Wiederholen Sie die Schritte 7 und 8 achtzehn Mal, um ein umfangreiches Dokument von drei Seiten zu erzeugen.

10) Wählen Sie DATEI/SPEICHERN, um das Dokument unter einem Namen abzuspeichern, den Sie leicht behalten können, beispielsweise BMlang.doc.

Zeilenabstand

Als Zeilenabstand bezeichnet man den vertikalen Abstand zwischen den Zeilen innerhalb eines Absatzes in einem Text. Als Standard weist *Word* immer einen einfachen Zeilenabstand zu. Sie können den Abstand eines ausgewählten Textabschnitts aber auch vergrößern, indem Sie FORMAT/ABSATZ wählen und dann im Feld *Zeilenabstand* auf *1,5* oder *doppelt* gehen.

Wahlweise können Sie auch eine Schriftgröße im Feld *Maß* eingeben und im Feld *Zeilenabstand* den Wert *Mindestens* auswählen. Als Regel gilt: Der Zeilenabstand sollte immer um 20% über dem Schriftgrad liegen. Wenn Ihr Text in 10 Punkt geschrieben ist, so sollte der Zeilenabstand 12 Punkt betragen.

> **Zeilenabstand**
> *Der vertikale Abstand zwischen den Zeilen innerhalb eines Absatzes in einem Text. Die Standardeinstellung in Word ist einfacher Zeilenabstand.*

Beispiel für Zeilenabstände
Einfach
1,5 Zeilen
Doppelt

| Eine Zusammenfassung eines Onlinedokuments können Sie lesen, wenn Sie das Dokument in der Ansicht **AutoZusammenfassen** anzeigen lassen. In dieser Ansicht können Sie zwischen einer Anzeige, bei der nur die Schwerpunkte angezeigt werden (der übrige Teil des Dokuments bleibt ausgeblendet), und einer | Eine Zusammenfassung eines Onlinedokuments können Sie lesen, wenn Sie das Dokument in der Ansicht **Auto Zusammenfassen** anzeigen lassen. In dieser Ansicht können Sie zwischen einer Anzeige, bei der nur | Eine Zusammenfassung eines Onlinedokuments können Sie lesen, wenn Sie das Dokument in der Ansicht **Auto Zusammenfassen** anzeigen lassen. In |

Abstände zwischen Absätzen

Das Betätigen der Eingabetaste zum Einfügen einer neuen Zeile ist ein eher grober Weg, um den Abstand zwischen zwei Absätzen in Ihrem Dokument zu steuern.

Bei umfangreicheren Dokumenten bietet es sich jedoch an, diesen Abstand über FORMAT/ABSATZ einzustellen. Hier können Sie einen Wert für den Abstand vor und nach einem Absatz eingeben.

- Für den Textkörper tragen Sie einen Wert in das Feld *Nach* ein (der Wert sollte etwas höher als der Schriftgrad des Textes ein), um den nächsten Absatz vom vorherigen zu trennen.

- Für Überschriften tragen Sie einen Wert in das Feld *Vor* ein. So bleibt über der Überschrift immer noch Raum frei. Auf diese Weise heben sich die Überschriften vom restlichen Text noch weiter ab.

Beispiel für mit und ohne zusätzliche Absatzmarke erzeugte Abstände zwischen Absätzen

Eine Zusammenfassung eines Onlinedokuments können Sie lesen, wenn Sie das Dokument in der Ansicht **AutoZusammenfassen** anzeigen lassen. ¶ ¶ In dieser Ansicht können Sie zwischen einer Anzeige, bei der nur die Schwerpunkte angezeigt werden (der übrige Teil des Dokuments bleibt ausgeblendet), und einer ¤	Eine Zusammenfassung eines Onlinedokuments können Sie lesen, wenn Sie das Dokument in der Ansicht **AutoZusammenfassen** anzeigen lassen. ¶ In dieser Ansicht können Sie zwischen einer Anzeige, bei der nur ¤

Eine andere Möglichkeit, in umfangreichen Texten den Beginn eines neuen Absatzes zu kennzeichnen, besteht darin, den Abstand für Textkörper auf Null zu setzen und stattdessen die erste Zeile eines Absatzes einzurücken. Mehr dazu erfahren Sie im nächsten Abschnitt.

Erstzeileneinzug

In Lektion 2 haben Sie gelernt, wie man einen ausgewählten Absatz von der rechten und/oder linken Seite her einrückt. Mit *Word* können Sie aber auch nur die erste Zeile eines Absatzes einrücken. Die erste Zeile bekommt dadurch, verglichen mit dem restlichen Absatz, einen größeren Abstand zum linken Rand.

Übung 23: Einen Erstzeileneinzug erstellen

Sie werden einen Erstzeileneinzug verwenden, um zwei Absätze eines Textkörpers voneinander zu trennen.

1) Wählen Sie den zweiten Abschnitt Ihres Beispieltextes aus.

> ¶
> Auch sind Sie davon überzeugt, dass Sie Ihren Computer effizient nutzen können, aber Sie haben keine Möglichkeit das zu dokumentieren. In Stellenanzeigen ist oft von Computer Kenntnissen die Rede. Aber was bedeutet das eigentlich? Und wie können Sie sicher sein, diesen Anforderungen gerecht zu werden?¶
> ¶

2) Wählen Sie FORMAT/ABSATZ.

3) Im Register *Einzüge und Abstände* im Feld *Extra* wählen Sie die Option *Erste Zeile* aus. Im Feld *Um* geben Sie den Wert *1 cm* ein und klicken dann auf OK.

4) Löschen Sie die Absatzmarke über dem eingerückten Absatz. Ihr Text sollte nun so aussehen.

> Kenntnisse Sie tatsächlich haben.¶
> Auch sind Sie davon überzeugt, dass Sie Ihren PC effizient nutzen können, aber Sie haben keine Möglichkeit das zu dokumentieren. In Stellenanzeigen ist oft von PC Kenntnissen die Rede. Aber was bedeutet das eigentlich? Und wie können Sie sicher sein, diesen Anforderungen gerecht zu werden?¶

5) Machen Sie das Einrücken der ersten Zeile und das Löschen der Absatzmarke rückgängig, indem Sie zweimal BEARBEITEN/RÜCKGÄNGIG wählen. Der Befehl RÜCKGÄNGIG in *Word* kann nicht nur Schreib- und Bearbeitungsaktionen rückgängig machen, sondern auch Formatierungs- und Positionsoperationen. Ersetzen Sie bitte auch die Absatzmarke, um die beiden Absätze voneinander zu trennen.

Ihr Beispieltext sollte nun wie vor dieser Übung aussehen.

Erstzeileneinzug
Die Positionierung der ersten Zeile eines Absatzes in einem größeren Abstand zum linken Rand als der restliche Text desselben Absatzes.

Wenn Sie den Erstzeileneinzug verwenden, um Absätze voneinander zu trennen, setzen Sie den Abstand zwischen den Absätzen auf 0 oder höchstens 1 oder 2 Punkt. Wenden Sie den Erstzeileneinzug nicht bei einem Absatz direkt nach einer Überschrift an.

Hängender Einzug

Man spricht von einem hängenden Einzug, wenn alle Zeilen außer der ersten eingerückt sind. Ein hängender Einzug wird manchmal bei Listen wie Bibliografien verwendet. Hier ein Beispiel:

> *Rainer Maria Rilke, Katharina Kippenberg. Briefwechsel. Hg von Bettina von Bomhard. Wiesbadeb 1954*¶
> *Rainer Maria Rilke und Marie von Thurn und Taxis. Briefwechsel. 2 Bde. Zürich und Wiesbaden 1951*¶

Üben Sie das Erzeugen eines hängenden Einzugs am Beispieltext, indem Sie FORMAT/ABSATZ wählen und dann das Feld *Einzug* auf *Hängend* stellen und im Feld *Um* einen Wert eintragen. Machen Sie am Ende alle vorgenommenen Änderungen im Dokument wieder rückgängig.

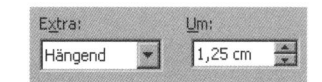

Extra:	Um:
Hängend	1,25 cm

Hängender Einzug
Alle Zeilen eines Absatzes außer der ersten sind eingerückt. Wird gelegentlich bei Listen angewendet.

Text suchen

Müssen Sie auf die Schnelle ein bestimmtes Wort oder einen bestimmten Satz in einem umfangreichen Dokument suchen? Der *Word*-Befehl SUCHEN hilft Ihnen dabei und bringt Sie direkt an die gesuchte Textstelle im Dokument.

Standardmäßig durchsucht *Word* das gesamte Dokument. Um die Suche auf einen bestimmten Teil des Textes einzugrenzen, wählen Sie den Teil des Textes aus, den *Word* durchsuchen soll. Wenn *Word* die Suche für den ausgewählten Bereich beendet hat, werden Sie gefragt, ob der Suchvorgang für das restliche Dokument fortgesetzt werden soll.

Die Grundlagen

Wählen Sie BEARBEITEN/SUCHEN, um das Dialogfeld *Suchen und Ersetzen* aufzurufen. Im Feld *Suchen nach* tragen Sie den Text ein (oder fügen Sie ihn über die Zwischenablage ein), nach dem Sie suchen, und wählen Sie dann WEITERSUCHEN.

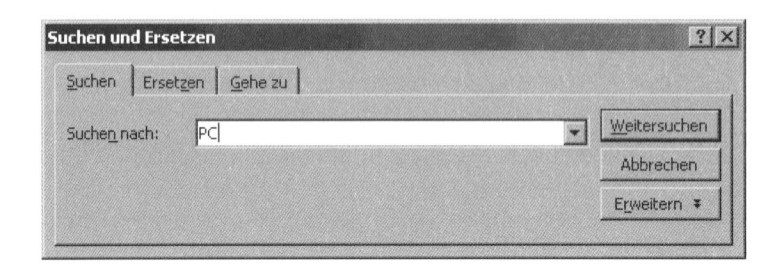

Word sucht nun nach der ersten Übereinstimmung in Ihrem Dokument. Das Dialogfeld bleibt auf dem Bildschirm geöffnet. Klicken Sie auf WEITERSUCHEN, um die Suche nach weiteren Übereinstimmungen fortzusetzen, oder klicken Sie auf ABBRECHEN, um die Suche zu beenden und das Dialogfeld zu schließen. Üben Sie diesen Vorgang, indem Sie in Ihrer Beispieldatei nach dem Wort *Dokument* suchen.

Besondere Optionen

Standardmäßig sucht und findet *Word* sowohl Teile eines Wortes als auch ganze Wörter. Wenn Sie also nach *Dokument* suchen, findet *Word* auch Dokumentes. Sie können *Word* aber auch mitteilen, dass es nur nach ganzen Wörtern suchen soll. Klicken Sie dazu auf ERWEITERN und dann in das Kontrollkästchen *Nur ganzes Wort suchen*.

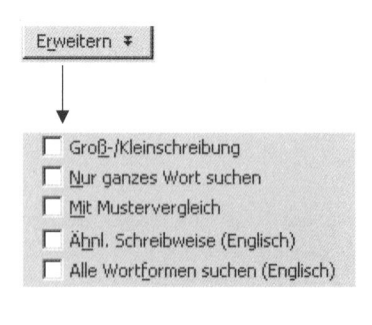

Eine andere Möglichkeit besteht darin, das Kontrollkästchen GROSS-/KLEINSCHREIBUNG zu aktivieren. Wenn Sie dann nach *Dokument* suchen, werden Schreibweisen wie *dokument* oder *DOKUMENT* bei der Suche ausgelassen.

Um Absatzmarken, Tabstopps oder andere nicht druckbare Zeichen zu finden, wählen Sie SONSTIGES und klicken dann auf das entsprechende Zeichen.

Formate

Sie können *Word* auch nach Text suchen lassen, der mit einem bestimmten Format übereinstimmt. Wählen Sie ERWEITERT und dann FORMAT. Suchen Sie nun aus der Liste das Format aus, nach dem Sie suchen möchten.

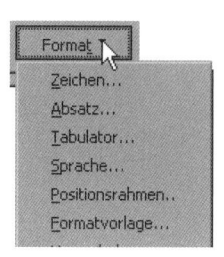

Text suchen und ersetzen

Es kann vorkommen, dass Sie ein bestimmtes Wort oder einen Satz im Text finden und immer durch ein anderes Wort bzw. einen anderen Satz ersetzen möchten – wenn Sie z.B. das ganze Dokument hindurch ein Wort falsch geschrieben haben oder im gesamten Dokument das Wort *Mensch* durch *Leute* ersetzen möchten.

Wählen Sie BEARBEITEN/ERSETZEN, um Text zu ersetzen. Tragen Sie im Feld *Suchen nach* den Text, der ersetzt werden soll, und im Feld *Ersetzen durch* den Ersatztext ein.

Zwei Methoden des Ersetzens

Im Register *Ersetzen* des Dialogfeldes *Suchen und Ersetzen* werden Ihnen zwei Möglichkeiten angeboten:

- **Ersetzen:** *Word* ersetzt nacheinander die gefundenen Übereinstimmungen im Text. Bei jeder gefundenen Übereinstimmung fragt *Word* nach, ob Sie den gefundenen Text ersetzen möchten. Das ist also der *sichere* Weg.

- **Alle ersetzen:** *Word* ersetzt alle gefundenen Textstellen in einem Arbeitsschritt. Sie sollten diese Möglichkeit nur dann verwenden, wenn Sie wirklich sicher sind, dass Sie jede mit den Suchkriterien übereinstimmende Textstelle ersetzen möchten.

Besondere Optionen

Alles, was Sie über den Befehl SUCHEN finden können, kann auch durch den Befehl BEARBEITEN/SUCHEN UND ERSETZEN ersetzt werden. Dazu gehören auch Formatierungen, Tabulatorzeichen und andere Sonder- und nicht druckbare Zeichen.

Übung 24: Text suchen und ersetzen

In dieser Übung lernen Sie anhand Ihrer umfangreichen Beispieldatei das *Suchen und Ersetzen* von Text.

1) In Ihrem Text haben Sie immer die Abkürzung PC verwendet. Nun möchten Sie aber lieber Computer als PC schreiben.

   Statt nun alle Vorkommen von PC per Hand zu ersetzen, gehen Sie wie folgt vor.

2) Setzen Sie den Cursor an den Anfang der ersten Zeile des Dokuments und wählen Sie BEARBEITEN/ERSETZEN.

3) Fügen Sie *PC* in das Feld *Suchen nach* ein.

[Abbildung: Suchen nach: PC]

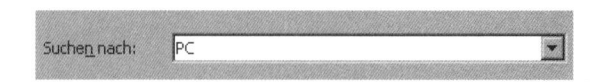

4) Schreiben Sie *Computer* in das Feld *Ersetzen durch*.

[Abbildung: Ersetzen durch: Computer]

5) Klicken Sie auch auf die Schaltfläche ERWEITERT und aktivieren Sie das Kontrollkästchen Groß-/Kleinschreibung. Sonst werden alle PC durch COMPUTER ersetzt.

6) Klicken Sie auf die Schaltfläche ALLE ERSETZEN.

Word wendet nun den SUCHEN UND ERSETZEN-Befehl auf das gesamte Dokument an. Das ist sehr viel einfacher, als wenn Sie jedes Vorkommen einzeln korrigieren würden.

Übung 25: Formatierung suchen und ersetzen

In dieser Übung verwenden Sie die *Word*-Funktion *Suchen und Ersetzen*, um alle Überschriften in Ihrem langen Beispieltext umzuformatieren.

1) Setzen Sie den Cursor an den Anfang der ersten Zeile des Dokuments und wählen Sie BEARBEITEN/ERSETZEN.

2) Im Register *Ersetzen* steht im *Suchen nach*-Feld immer noch der Text aus Übung 3.24. Klicken Sie in dieses Feld, löschen Sie den Text und schreiben Sie *Internationaler Standard für Computer-Anwender.*

3) Klicken Sie in das Feld *Ersetzen durch* und löschen Sie den darin enthaltenen Text.

4) Klicken Sie auf die Schaltfläche ERWEITERT und dann auf FORMAT.

   Sie brauchen nicht noch einmal den ganzen Text zu schreiben, sondern nur noch das neue Format anzugeben.

5) Wählen Sie hier die Option ZEICHEN aus der Liste und dann *Arial, Fett* und *14* Punkt. Klicken Sie auf OK.

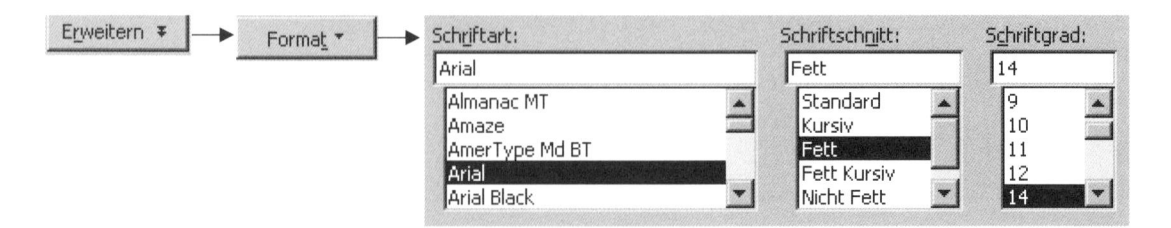

[Abbildung: Erweitern → Format → Schriftart: Arial; Schriftschnitt: Fett; Schriftgrad: 14]

6) Klicken Sie auf ALLE ERSETZEN.

Word ersetzt automatisch alle Vorkommen der Überschrift und setzt das neue Format ein. Klicken Sie auf SCHLIESSEN, um das Dialogfeld zu schließen.

Übung 26: Sonderzeichen finden und ersetzen

In dieser Übung werden Sie die Absatzmarke, welche die zwei Absätze Ihres Beispieltextes trennt, entfernen.

1) Setzen Sie den Cursor an den Anfang der ersten Zeile des Dokuments und wählen Sie BEARBEITEN/ERSETZEN.

2) Im Register *Ersetzen* steht im *Suchen nach*-Feld immer noch der Text aus Übung 25. Klicken Sie in dieses Feld, um den Text zu löschen.

3) Während sich der Cursor im Feld *Suchen nach* befindet, klicken Sie auf die Schaltfläche ERWEITERT, dann SONSTIGE und wählen dann *Absatzmarke* aus der Liste aus. Klicken Sie noch einmal auf SONSTIGE und wählen Sie aus der Liste noch einmal *Absatzmarke* aus.

   Das Feld *Suchen nach* sollte nun zwei Symbole für *Absatzmarke* enthalten.

   Suchen nach: ^a^a

4) Klicken Sie auf das Feld *Ersetzen durch*. Klicken Sie auch auf KEINE FORMATIERUNG, damit auch alle Formate, die Sie in Übung 3.25 ausgewählt haben, gelöscht werden.

5) Während sich der Cursor im Feld *Ersetzen durch* befindet, klicken Sie auf die Schaltfläche ERWEITERT, dann SONSTIGE und wählen Sie *Absatzmarke* aus der Liste aus.

   Ersetzen durch: ^a

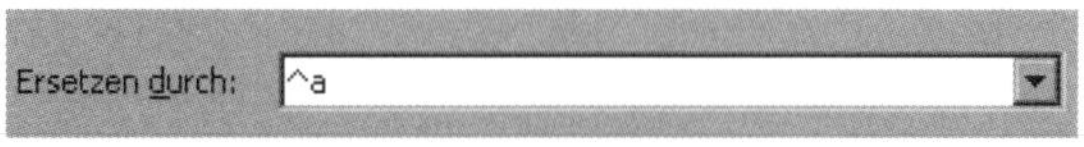

6) Klicken Sie dann auf ALLE ERSETZEN.

Word ersetzt automatisch alle Vorkommen von zwei aufeinander folgenden Absatzmarken durch eine. Klicken Sie auf SCHLIESSEN, um das Dialogfeld zu schließen.

Übung 27: Textpositionen suchen und ersetzen

In dieser Übung weisen Sie allen auftretenden zweiten Absätzen des Beispieltextes einen Erstzeileneinzug zu.

1) Setzen Sie den Cursor an den Anfang der ersten Zeile des Dokuments und wählen Sie BEARBEITEN/ERSETZEN.

2) Im Register *Ersetzen* steht im *Suchen nach*-Feld immer noch der Text aus Übung 26. Klicken Sie in dieses Feld, löschen Sie den Text und schreiben Sie das erste Wort *Auch* des zweiten Abschnitts des Beispieltextes.

3) Klicken Sie in das Feld *Ersetzen durch*, löschen Sie den darin enthaltenen Text aus Übung 26 und schreiben Sie auch hier *Auch*.

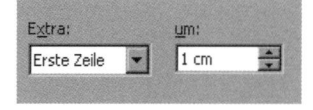

   Extra: Erste Zeile   um: 1 cm

4) Während sich der Cursor im Feld *Ersetzen durch* befindet, klicken Sie auf FORMAT, dann ABSATZ und definieren Sie dann einen Erstzeileneinzug von 1 cm. Klicken Sie auf OK.

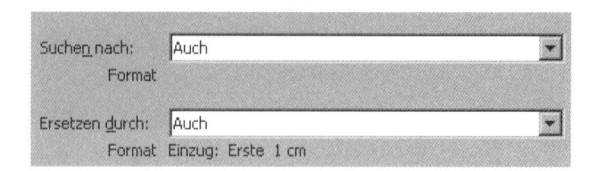

```
Suchen nach:    Auch
        Format

Ersetzen durch: Auch
        Format  Einzug: Erste 1 cm
```

5) Klicken Sie auf ALLE ERSETZEN.

Word rückt nun die erste Zeile des jeweils zweiten Absatzes Ihres Beispieltextes ein. Klicken Sie auf SCHLIESSEN, um das Dialogfeld zu schließen. Ihr Text sollte nun wie das Beispiel unten aussehen.

Internationaler·Standard·für·Computer·Anwender¶
Sie·kennen·sich·in·manchen·Anwendungen·aus,·aber·es·fällt·Ihnen·schwer,·klar·zu·formulieren,·welchen· Kenntnisse·Sie·tatsächlich·haben.¶
          Auch·sind·Sie·davon·überzeugt,·dass·Sie·Ihren·Computer·effizient·nutzen·können,·aber·Sie·haben·keine· Möglichkeit·das·zu·dokumentieren.·In·Stellenanzeigen·ist·oft·von·Computer·Kenntnissen·die·Rede.·Aber·was· bedeutet·das·eigentlich?·Und·wie·können·Sie·sicher·sein,·diesen·Anforderungen·gerecht·zu·werden?¶
¶

Sie haben die Übung zum Suchen und Ersetzen hiermit abgeschlossen. Speichern Sie Ihr langes Dokument und lassen Sie es geöffnet.

Seite einrichten

Sie haben gelernt, wie man Text an der richtigen Stelle positioniert, wie man Text ausrichtet und Zeilen- bzw. Absatzabstände kontrolliert.

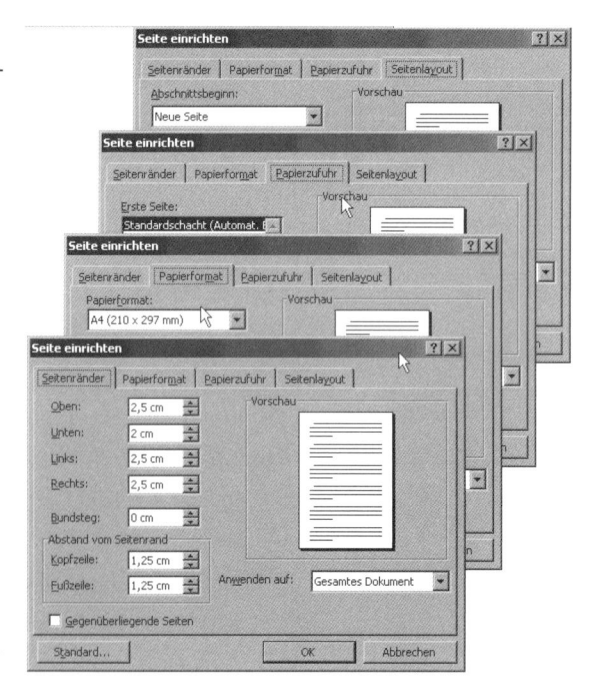

Wie aber steht es mit der Seite, also dem Stück Papier, auf dem der Text erscheinen soll? Welche Optionen kann *Word* Ihnen hier bieten?

Wählen Sie DATEI/SEITE EINRICHTEN. Es erscheint ein Dialogfeld mit vier Registern, über die Sie eine Seite einrichten können. Zum jetzigen Zeitpunkt sind nur zwei dieser Register für uns interessant: *Seitenränder* und *Papierformat*.

Register Seitenränder

Seitenränder werden durch gestrichelte Linien dargestellt

Als Seitenrand bezeichnet man den Abstand vom Papierrand zu der Stelle, an der Text bzw. Grafik eingefügt wird.

Die Standardwerte in *Word* liegen bei 2,5 cm für die Ränder oben, rechts und links und bei 2 cm für den unteren Rand. Diese Einstellung eignet sich für die meisten Briefe und Geschäftsdokumente.

Sie können die Seitenränder Ihres Dokuments jederzeit verändern und Ihre neuen Einstellungen zu Standardeinstellungen machen, indem Sie auf STANDARD klicken.

Seitenrand
Der Abstand von Textkörper oder Grafik zum tatsächlichen Papierrand. Sie können in Word verschiedene Abstände für den oberen, unteren, linken und rechten Rand bestimmen.

Papierformat

Verwenden Sie im Register *Papierformat* die Einstellung für das europäische Standardpapierformat A4 (21 cm breit und 29,7 cm hoch). A4 wird für fast alle Briefe und Geschäftsdokumente verwendet.

A4
Das Standardpapierformat für die meisten Briefe und Geschäftsdokumente in Europa.

Die Kontrollkästchen für *Ausrichtung* beziehen sich darauf, wie das Dokument ausgedruckt werden soll. Es gibt die Möglichkeit *Hochformat* oder *Querformat*. Briefe und die meisten anderen Dokumente werden im Hochformat gedruckt.

Kopf- und Fußzeilen

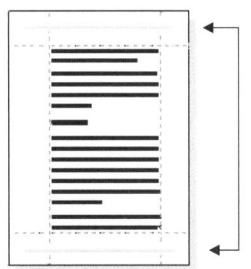

Word plaziert Kopf- und Fußzeilen in die über den Befehl Datei/Seite einrichten festgelegten oberen und unteren Seitenränder

Kopf- und Fußzeilen gibt es am oberen und unteren Rand jeder Seite eines Dokuments (außer auf Deckblättern und Inhaltsverzeichnissen).

Wenn Sie sich einmal veröffentlichte Dokumente ansehen, so werden Sie feststellen, dass sich in den Kopf- bzw. Fußzeilen in der Regel Informationen wie Dokumententitel, Firmenname, Name des Autors und vielleicht eine Versions- oder Entwurfsnummer zu finden sind. Normalerweise sind in der Kopf- oder Fußzeile auch die einzelnen Seitenzahlen zu finden. Mit der Seitennummerierung werden wir uns im nächsten Abschnitt noch näher beschäftigen.

Mit *Word* brauchen Sie den Text einer Kopf- und/oder Fußzeile nur einmal zu schreiben. Das Programm setzt den Text automatisch in jeder Seite ein. Sie können dem Text in der Kopf- und Fußzeile die gleichen Formatierungen – fett, kursiv, Ausrichtung, Rahmen und Schattierung – zuweisen wie dem normalen Text im Dokument. Auch Grafiken wie z.B. das Firmenlogo können in die Kopf- bzw. Fußzeile eingefügt werden.

Kopf- und Fußzeile

Standardtext und Grafiken, die beim Druck standardmäßig auf jeder Seite eines Dokuments im oberen oder unteren Rand erscheinen.

Hier ein paar Fakten über Kopf- bzw. Fußzeilen in *Word*:

- Sie werden über den Befehl ANSICHT/KOPF- UND FUSSZEILE zugewiesen.
- Über diesen Befehl erscheinen die Kopf- oder Fußzeile in einem gestrichelten Rahmen, der Dokumententext (kann in dieser Ansicht nicht bearbeitet werden) und die Symbolleiste für Kopf- und Fußzeilen (über diese Symbolleiste sind die häufigsten Befehle direkt zugänglich).

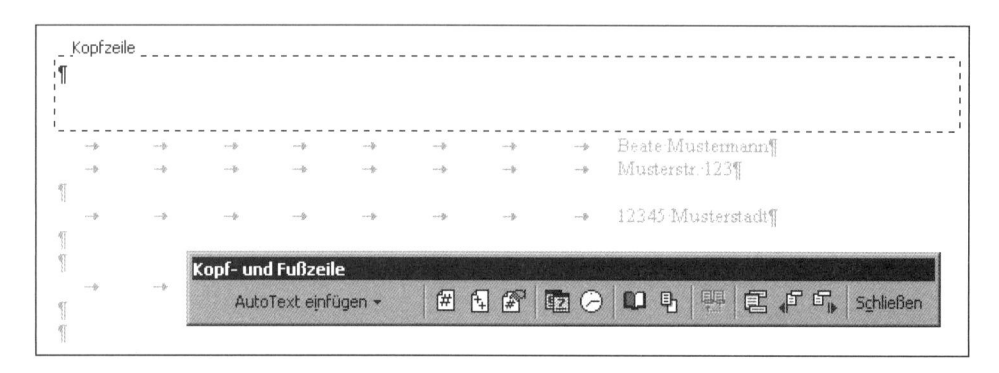

- *Word* setzt die Absatzmarke links oben in die Kopf- oder Fußzeile, so dass Sie sofort schreiben können.
- *Word* fügt automatisch zwei vordefinierte Tabstopps ein, um Ihnen die Arbeit zu erleichtern. Betätigen Sie die TAB-Taste einmal, um Ihren Text der Kopf- oder Fußzeile zentriert zu schreiben, oder zweimal, um ihn rechtsbündig zu schreiben.
- Klicken Sie auf die Schaltfläche ZWISCHEN KOPF- UND FUSSZEILE WECHSELN, um in den jeweils anderen Bereich zu wechseln. Die zwei Bereiche gleichen sich im Aussehen und in der Handhabung.
- Positionieren Sie Seitenzahlen (Näheres im nächsten Abschnitt) außerhalb des Seitenrands (rechts für rechte Seiten, links für linke Seiten) oder zentriert in der Kopf- bzw. Fußzeile.
- Setzen Sie Text zentriert oder rechts- bzw. linksbündig zum Rand des Kopf- bzw. Fußzeilenbereichs.

Schaltfläche Zwischen Kopf- und Fußzeile wechseln

Übung 28: Eine Kopfzeile erstellen

In dieser Übung fügen Sie Ihrem Beispieldokument eine Kopfzeile hinzu.

1) Wählen Sie DATEI/SEITE EINRICHTEN und gehen Sie auf das Register *Seitenlayout*. Stellen Sie sicher, dass die Kontrollkästchen der Kopf- und Fußzeile wie hier abgebildet erscheinen und klicken Sie auf OK.

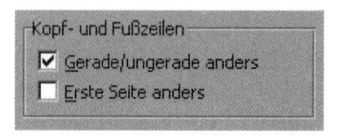

2) Wählen Sie ANSICHT/KOPF- UND FUSSZEILE. *Word* setzt die Absatzmarke an den linken Rand des Kopfzeilenbereichs und Sie können sofort schreiben.

3) Schreiben Sie *Jahresbericht*.

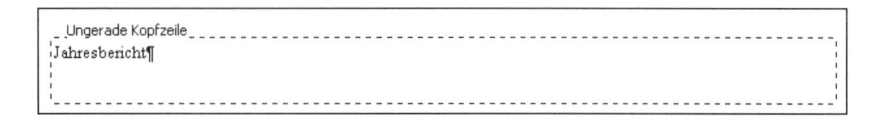

```
Ungerade Kopfzeile
Jahresbericht¶
```

4) Klicken Sie auf die Schaltfläche NÄCHSTE ANZEIGEN in der Symbolleiste der Kopf- und Fußzeile. *Word* zeigt die nächste Seite an und zwar die erste Seite (linke Seite) mit gerader Seitenzahl.

5) Drücken Sie zweimal auf die TAB-Taste, um die Absatzmarke an den rechten Rand zu setzen. Schreiben Sie *ABC GmbH*.

Schaltfläche Nächste anzeigen

```
Gerade Kopfzeile
        →              →              ABC GmbH¶
```

6) Klicken Sie auf die Schaltfläche SCHLIESSEN in der Kopf- und Fußzeile-Symbolleiste.

Sie haben am Anfang der Übung über DATEI/SEITE EINRICHTEN das Kontrollkästchen GERADE/UNGERADE ANDERS ausgewählt. Auf Grund dieser Einstellungen in *Word* kann sich der Text in der Kopfzeile ungerader (rechter) Seiten von dem gerader (linker) Seiten unterscheiden.

In der folgenden Übung setzen Sie eine Linie unter den Text der Kopfzeile, um den Bereich noch sichtbarer vom Textkörper zu trennen, und Sie ändern die Schriftart und die Schriftgröße. In der Regel ist der Text einer Kopfzeile um 2 bis 3 Punkt kleiner als der des Textkörpers. Bei einer solchen Schriftgröße ist eine serifenlose Schrift wie Arial besser zu lesen als eine Serifschrift.

Übung 29: Eine Kopfzeile formatieren

1) Wählen Sie ANSICHT/KOPF- UND FUSSZEILE.

2) Wählen Sie den Text der Kopfzeile auf der ersten Seite Ihres Dokuments aus.

3) Wählen Sie FORMAT/ZEICHEN und dann *Arial, Standard, 8* Punkt.

Weisen Sie der Kopfzeile einen unteren Rand zu

4) Lassen Sie den Text weiter ausgewählt und gehen Sie auf FORMAT/RAHMEN UND SCHATTIERUNG.

5) Im Register *Rahmen* wählen Sie als Einstellung *Ohne*. Wählen Sie dann im Vorschaufenster die Option für einen Rand unten und eine Linienbreite von *1* Punkt. Im Feld *Übernehmen für* gehen Sie auf *Absatz* und klicken dann auf OK.

6) Klicken Sie auf die Schaltfläche NÄCHSTE ANZEIGEN in der Kopf- und Fußzeilen-Symbolleiste und wiederholen Sie die Schritte 4 und 5 für die linken Seiten.

7) Klicken Sie nun auf die Schaltfläche SCHLIESSEN der Kopf- und Fußzeilen-Symbolleiste.

Der obere Teil Ihrer rechten Seite sollte nun wie die Abbildung unten aussehen.

Internationaler Standard für Computer Anwender
Sie kennen sich in manchen Anwendungen aus, aber es fällt Ihnen schwer, klar zu formulieren, welchen

Der obere Teil Ihrer linken Seite sollte nun wie die Abbildung unten aussehen.

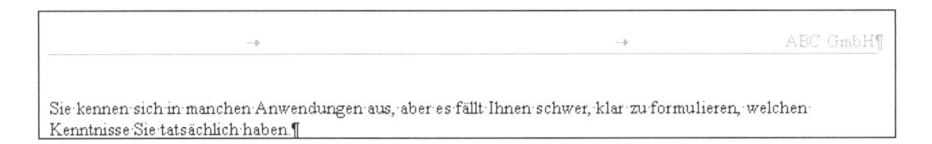

Sie werden feststellen, dass der Text der Kopfzeile in Grau erscheint. Dies bedeutet, dass Sie den Kopfzeilenbereich nicht bearbeiten können, während Sie am Textkörper des Dokuments arbeiten.

Seitennummerierung

Sie können dem Dokument über die Kopf- oder Fußzeile Seitenzahlen hinzufügen. Wenn Sie Ihrem Dokument Seiten hinzufügen oder löschen, aktualisiert *Word* die Seitennummerierung entsprechend. Der Seitennummerierung können die gleichen Formatierungen wie dem normalen Text im Kopf- und Fußzeilenbereich zugewiesen werden. Sie können eine Seitenzahl im Kopf- und Fußzeilenbereich am rechten oder linken Seitenrand ausrichten oder auch zentriert platzieren.

Übung 30: Seitenzahl einfügen

In dieser Übung fügen Sie eine Seitenzahl mit der Ausrichtung *zentriert* in die Fußzeile des Dokuments ein.

1) Wählen Sie ANSICHT/KOPF- UND FUSSZEILE.

2) Lassen Sie sich den Fußzeilenbereich der ersten Seite anzeigen. Drücken Sie die TAB-Taste, um die Absatzmarke in die Mitte (zentriert) zu bringen.

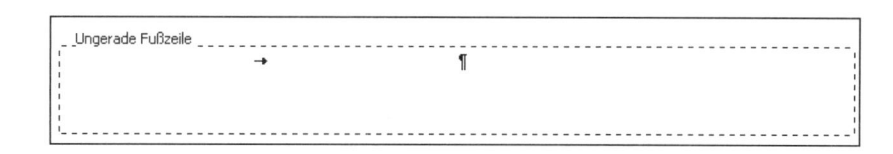

Schaltfläche Seitenzahlen einfügen

3) Klicken Sie auf die Schaltfläche SEITENZAHL EINFÜGEN in der Kopf- und Fußzeile-Symbolleiste. *Word* fügt eine Seitenzahl ein.

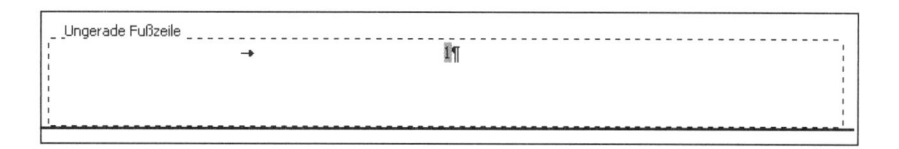

4) Klicken Sie auf die Schaltfläche NÄCHSTE ZEIGEN in der Kopf- und Fußzeile-Symbolleiste, um auf die zweite und gleichzeitig erste Seite mit gerader Seitenzahl (linke Seite) in Ihrem Dokument zu gelangen.

5) Wiederholen Sie die Schritte 2 und 3, um eine Seitenzahl zentrierter Ausrichtung einzufügen.

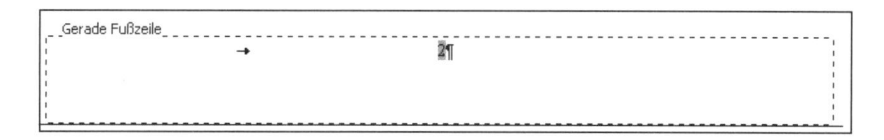

6) Klicken Sie auf die Schaltfläche SCHLIESSEN der Kopf- und Fußzeile-Symbolleiste und speichern Sie Ihr Dokument.

Verschiedene Möglichkeiten bei der Seitennummerierung

Schaltfläche Seitenzahlen formatieren

Klicken Sie auf die Schaltfläche SEITENZAHLEN FORMATIEREN in der Kopf- und Fußzeile-Symbolleiste. Ein Dialogfeld mit den verschiedenen Möglichkeiten zur Seitennummerierung wird eingeblendet.

Sie können für die Nummerierung zwischen Zahlen, Buchstaben und römischen Zeichen auswählen und müssen nicht unbedingt mit Seite 1 anfangen.

Erstelldatum und Autorenname

Schaltfläche Datum

Word bietet bestimmte Funktionen an, um Ihnen die Eingabe des Erstelldatums und des Autorennamens in einer Kopf- oder Fußzeile zu erleichtern.

Erstelldatum eines Dokuments

Um das heutige Datum (wie in Ihrem Computer eingestellt) in eine Kopf- oder Fußzeile einzufügen, führen Sie bitte die folgenden Schritte aus:

- Wählen Sie ANSICHT/KOPF- UND FUSSZEILE.

- Setzen Sie den Cursor an die Stelle, an der Sie das aktuelle Datum einfügen möchten.
- Klicken Sie auf die Schaltfläche DATUM EINFÜGEN in der Kopf- und Fußzeile-Symbolleiste.

Name des Autors

Um den Namen des Autors des Dokuments (Ihren Namen) einzufügen, gehen Sie bitte folgendermaßen vor:

- Wählen Sie DATEI/EIGENSCHAFTEN und stellen Sie sicher, dass Ihr Name im Feld *Autor* angezeigt wird.

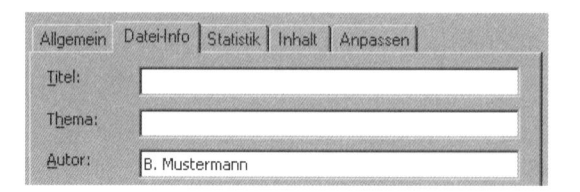

Hier trägt *Word* automatisch den Benutzernamen ein, der bei der Installation von Windows auf Ihrem Computer angegeben wurde. Wenn Ihr Name nicht im Feld *Autor* steht, löschen Sie den Eintrag und schreiben Sie Ihren Namen. Klicken Sie auf OK.

- Wählen Sie ANSICHT/KOPF- UND FUSSZEILE.
- Setzen Sie den Cursor an die Stelle in der Kopf- oder Fußzeile, an der Sie den Namen einfügen möchten.
- Wählen Sie EINFÜGEN/FELD. Das Dialogfeld *Feld* wird angezeigt.

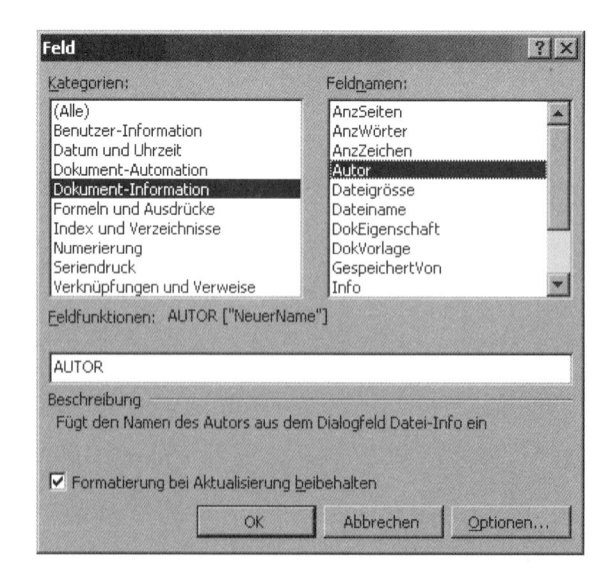

- Wählen Sie im Fenster *Kategorien Dokumenteninformation* und im Fenster *Feldname Autor*. Klicken Sie auf OK.

Manueller Zeilen- und Seitenwechsel

Word fügt jedes Mal, wenn Sie die Eingabetaste betätigen, eine neue Absatzmarke ein. Um einen Zeilenwechsel innerhalb eines Absatzes zu erzeugen, drücken Sie gleichzeitig die Umschalt- und die Eingabetaste.

Beispiel für drei manuelle Zeilenwechsel

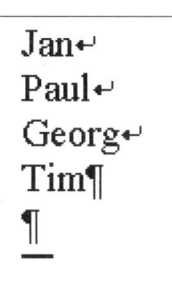

```
Jan↵
Paul↵
Georg↵
Tim¶
¶
```

Word erzeugt automatisch eine neue Seite, wenn der Text über eine Seite hinausgeht.

Sie können aber auch an jeder Stelle des Dokuments einen manuellen Seitenwechsel einfügen, indem Sie gleichzeitig die Steuerungs- und die Eingabetaste drücken. Wahlweise können Sie auch EINFÜGEN/MANUELLER WECHSEL wählen und die Option *Seitenwechsel* anklicken. Bestätigen Sie dann mit OK.

¶
....Seitenwechsel..

Words Anzeige für einen manuellen Seitenwechsel

Rechtschreibprüfung

Und wie steht es mit Ihrer Rechtschreibung? *Word* kann Ihre Rechtschreibung überprüfen und hat zwei Möglichkeiten, Ihnen Korrekturvorschläge zu machen.

- *AutoKorrektur* während Sie ein Dokument erstellen bzw. bearbeiten.
- Korrektur auf Anfrage immer dann, wenn Sie EXTRAS/RECHTSCHREIBUNG UND GRAMMATIK wählen.

Sie können die automatische Rechtschreibprüfung über das Kontrollkästchen *Rechtschreibung während der Eingabe überprüfen* im Register *Rechtschreibung und Grammatik* aktivieren bzw. deaktivieren. Zu diesem Register gelangen Sie über EXTRAS/OPTIONEN.

Automatische Rechtschreibprüfung

Eine rote wellenförmige Linie, die während der Eingabe unter einem Wort erscheint, weist Sie auf einen möglichen Rechtschreibfehler hin.

Um eine Korrektur vorzunehmen, üben Sie einen Rechtsklick auf das unterringelte

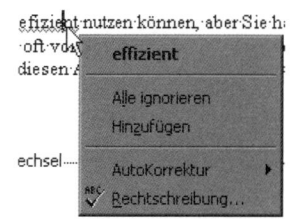

Wort aus. Sie können nun aus einem Kontextmenü die für Sie in Frage kommende Lösung auswählen.

Wenn Sie die unterste Option RECHTSCHREIBUNG im Kontextmenü wählen, blendet *Word* das Dialogfeld *Rechtschreibung* ein.

Dialogfeld Rechtschreibung

Sie können Ihr Dokument jederzeit über EXTRAS/RECHTSCHREIBUNG UND GRAMMATIK auf Rechtschreibfehler hin überprüfen lassen, egal ob die automatische Rechtschreibprüfung aktiviert ist oder nicht.

Wenn *Word* bei der Überprüfung keine Fehler findet, wird ein Dialogfeld eingeblendet, das Ihnen mitteilt, dass die Überprüfung abgeschlossen ist.

Wenn *Word* Wörter findet, die es nicht erkennt, wird das Dialogfeld *Rechtschreibung* eingeblendet. Dabei wird das fragliche Wort rot angezeigt.

Das Dialogfeld Rechtschreibung und Grammatik verfügt über ein Feld, in dem Korrekturvorschläge zum abgefragten Wort angezeigt werden. Klicken Sie auf eines der vorgeschlagenen Wörter, um das falsche Wort dadurch zu ersetzen.

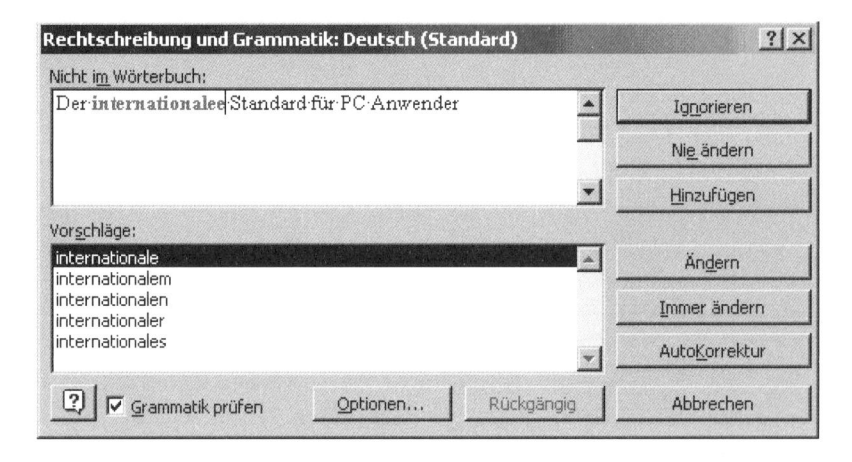

Wenn die Rechtschreibhilfe ein fragliches Wort findet, bietet Sie Ihnen mehrere Möglichkeiten an.

- **Ignorieren:** Lässt den hervorgehobenen Fehler unverändert.
- **Nie ändern:** Lässt den hervorgehobenen Fehler im gesamten Dokument unverändert.
- **Hinzufügen:** Fügt dem Benutzerwörterbuch das hervorgehobene Wort hinzu, so dass *Word* dieses Wort bei neuerlichen Überprüfungen erkennt. Wählen Sie diese Option für Namen, Orte, Abkürzungen oder Akronyme, die Sie regelmäßig verwenden.
- **Ändern:** Korrigiert den hervorgehobenen Fehler, es erscheint aber bei weiteren Vorkommen des gleichen Fehlers im Dokument eine neue Aufforderung zur Änderung.
- **Immer ändern:** Korrigiert den hervorgehobenen Fehler an dieser Stelle und falls vorhanden auch an allen anderen Stellen im Dokument.

Ein Wort zur Vorsicht: Wenn ein Wort richtig geschrieben, aber im Kontext falsch ist – z.B. der statt die –, so erkennt die Rechtschreibprüfung diesen Fehler nicht. Daher sollten Sie die letzte Version Ihres Dokuments am Ende immer noch einmal lesen, um sicherzustellen, dass es fehlerfrei ist.

Welche Sprache?

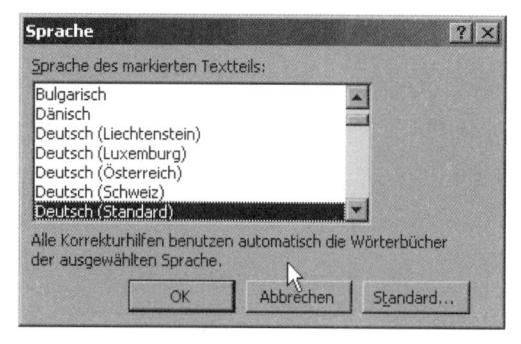

Bevor Sie Ihr Dokument durch die Rechtschreibprüfung laufen lassen, wählen Sie bitte über EXTRAS/SPRACHE/SPRACHE BESTIMMEN die richtige Sprache, also das richtige Wörterbuch aus. Wenn die Einstellung nicht stimmt, z.B. *Deutsch (Österreich)* statt *Deutsch (Deutschland),* wählen Sie bitte die richtige Sprache und dann STANDARD.

Die Grammatikprüfung

Word ist in der Lage, Ihre Grammatik zu überprüfen und Korrekturvorschläge zu machen. Das kann auf zwei Arten geschehen.

- *AutoKorrektur* während Sie ein Dokument erstellen bzw. bearbeiten.
- Korrektur auf Anfrage immer dann, wenn Sie EXTRAS/RECHTSCHREIBUNG UND GRAMMATIK wählen.

Sie können die automatische Grammatikprüfung über das Kontrollkästchen *Grammatik während der Eingabe überprüfen* im Register *Rechtschreibung und Grammatik* aktivieren bzw. deaktivieren. Zu diesem Register gelangen Sie über EXTRAS/OPTIONEN.

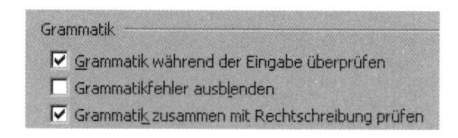

Bei aktivierter Grammatiküberprüfung weist eine grüne wellenförmige Linie, die während der Eingabe unter einem Wort erscheint, auf einen möglichen Grammatikfehler hin. Die Grammatikprüfung kann in der gleichen Weise wie die Rechtschreibprüfung gehandhabt werden.

Die Druckoptionen

Word bietet Ihnen eine Fülle von Druckoptionen. Darunter befinden sich Möglichkeiten wie Vorschau des Dokuments auf dem Bildschirm vor dem Druck, die Möglichkeit, das gesamte Dokument, die aktuelle Seite, zusammenhängende und nicht zusammenhängende Seiten oder einen ausgewählten Text zu drucken.

Die Seitenansicht	Dieser Befehl zeigt ein Dokument auf dem Bildschirm so an, wie es auf einem Ausdruck auf Papier aussieht. Und so gelangen Sie zur Seitenansicht Ihres Dokuments:
Schaltfläche Seitenansicht	• Wählen Sie DATEI/SEITENANSICHT oder klicken Sie auf die Schaltfläche SEITENANSICHT in der Standardsymbolleiste. Klicken Sie auf SCHLIESSEN, um zu Ihrem Dokument zurückzukehren.

Den Druckbereich festlegen

Wenn Sie DATEI/DRUCKEN wählen, können Sie auswählen, welche Seiten des Dokuments gedruckt werden sollen.

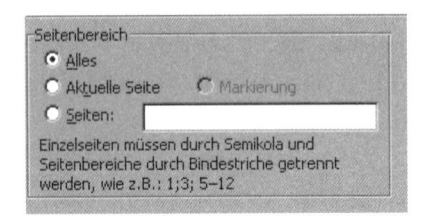

```
Seitenbereich
 ⦿ Alles
 ○ Aktuelle Seite    ○ Markierung
 ○ Seiten: [          ]
 Einzelseiten müssen durch Semikola und
 Seitenbereiche durch Bindestriche getrennt
 werden, wie z.B.: 1;3; 5-12
```

- **Alle:** Druckt alle Seiten des Dokuments.
- **Aktuelle Seite:** Druckt die Seite, auf der sich momentan der Cursor befindet.
- **Auswahl:** Druckt nur die aktuelle Markierung, Text und/oder Grafik.
- **Seiten:** Druckt die von Ihnen als Nummern in das Feld eingegebenen Seiten.

Um mehrere aufeinander folgende Seiten zu drucken, geben Sie bitte die erste und die letzte Seitenzahl ein und trennen Sie die Zahlen durch einen Bindestrich, z.B. 2-6 oder 12-13.

Um nicht aufeinander folgende Seiten zu drucken, geben Sie bitte die einzelnen Seitenzahlen ein und trennen diese durch Semikolon, z.B. 3;5;9 oder 12;17;34. Sie können die Auswahl für aufeinander folgende und nicht aufeinander folgende Seiten kombinieren.

Weitere Optionen im Dialogfeld *Drucken* ermöglichen es Ihnen zu entscheiden, wie viele Kopien eines Dokuments bzw. ob Sie nur Seiten mit gerader oder ungerader Seitenzahl drucken möchten.

Speichern und schließen Sie Ihr *umfangreiches Dokument* und beenden Sie *Microsoft Word*.

Die Symbolleisten anpassen

Die Symbolleisten in *Word* erlauben Ihnen einen direkten Zugriff – mit einem Klick – auf die am häufigsten verwendeten Befehle. Wenn Sie jedoch zu viele Symbolleisten eingeblendet haben, wird dadurch der eigentliche Fensterbereich, in dem Sie schreiben und Ihr Dokument bearbeiten, verkleinert.

Die Symbolleisten ein- und ausblenden

Sie können die Symbolleisten in *Word* ein- und ausblenden und somit an Ihre persönlichen Arbeitsbedürfnisse anpassen.

- Wählen Sie ANSICHT/SYMBOLLEISTE, um eine Symbolleiste auszuwählen. In einem Untermenü listet *Word* die zur Verfügung stehenden Symbolleisten auf. Ausgewählte Symbolleisten zeigt *Word* durch ein Häkchen im Feld vor der jeweiligen Symbolleiste an.

- Wählen Sie ANSICHT/SYMBOLLEISTE, um eine Symbolleiste auszublenden. Im Untermenü listet *Word* die zur Verfügung stehenden Symbolleisten auf. *Word* entfernt das Häkchen im Feld vor der jeweiligen Symbolleiste, wenn sie nicht angezeigt wird.

Die Häkchen neben der Standard- und den Formatsymbolleiste zeigen an, dass diese schon zur Anzeige auf dem Bildschirm ausgewählt sind.

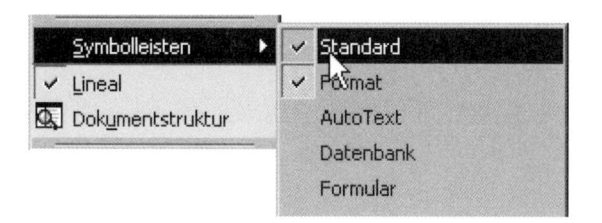

Ein- und Ausblenden von einzelnen Schaltflächen

Sie können aber auch eine oder mehrere Schaltflächen von den Symbolleisten entfernen. Führen Sie hierzu die folgenden Schritte aus:

- Blenden Sie die Symbolleiste ein, die Sie verändern möchten.

- Halten Sie die Alt-Taste gedrückt und ziehen Sie die Schaltfläche gleichzeitig mit der Maus von der Symbolleiste weg. *Word* entfernt die ausgewählte Schaltfläche von der Symbolleiste.

Wenn Sie die entfernte Schaltfläche wieder einblenden möchten, gehen Sie wie folgt vor:

- Blenden Sie die Symbolleiste ein.

- Wählen Sie EXTRAS/ANPASSEN.

  Word blendet das Dialogfeld *Anpassen* ein. Sie müssen dieses Dialogfeld nicht unbedingt verwenden, aber es muss auf Ihrem Bildschirm geöffnet bleiben.

  Beachten Sie, dass jede ausgeblendete Schaltfläche wieder in die Symbolleiste eingefügt wird.

- Führen Sie einen Rechtsklick auf die Schaltfläche aus, die Sie wieder einfügen möchten.

- Wählen Sie aus dem Kontextmenü ZURÜCKSETZEN.

Das Dialogfeld *Anpassen* wird geschlossen und die Schaltfläche wird wieder in der Symbolleiste angezeigt.

Sie haben nun die Lektion 3.3 des ECDL-Moduls Textverarbeitung abgeschlossen.

Zusammenfassung der Lektion: Das haben Sie gelernt

Sie können den Standardwert für Zeilen- und Absatzabstände in *Word* vergrößern oder verkleinern.

Sie können den Beginn eines neuen Absatzes auf verschiedene Arten hervorheben: Indem Sie eine neue Absatzmarke einfügen (grob, aber effizient), indem Sie den Abstand zwischen den Absätzen vergrößern oder indem Sie einen Erstzeileneinzug einfügen. Das Gegenteil eines Erstzeileneinzugs ist der hängende Einzug, dieser wird oftmals für Listen verwendet.

Der *Word*-Befehl SUCHEN UND ERSETZEN hilft Ihnen, einen bestimmten Textteil schnell zu finden und ihn durch einen anderen Text zu ersetzen. Sie können auch Text mit einer bestimmten Formatierung und Sonderzeichen wie Tabstopps oder Absatzmarken suchen und ersetzen.

Das Standardseitenformat ist A4 und kann als Hoch- oder Querformat verwendet werden. Als Seitenrand bezeichnet man den Abstand zwischen Textkörper (oder Grafik) und eigentlichem Papierrand.

Kopf- und Fußzeilen sind kleine Textelemente, die auf jeder Seite (oder jeder zweiten Seite) erscheinen. In der Regel enthalten sie Details zum Dokumententitel oder den Namen des Autors. Beide können auch eine automatische Seitennummerierung beinhalten.

Word verfügt auch über eine Rechtschreib- und Grammatikprüfung. Sie können beide Prüfungen permanent mitlaufen lassen oder in einen Modus auf Anfrage schalten.

Die Druckoptionen in *Word* erlauben eine Druckvorschau sowie das Drucken einer oder mehrerer Seiten.

Lektion 4: Tabellen, Tabstopps und Grafiken

Zu dieser Lektion

Bei den meisten *Word*-Dokumenten fließt der Text für gewöhnlich von links nach rechts über die gesamte Seitenbreite. Manchmal kann es aber auch angebracht sein, dass Sie nebeneinander liegende schmale Spalten für Text, Zahlen oder Grafiken verwenden.

In dieser Lektion lernen Sie die zwei Möglichkeiten in *Word* kennen, die das Erstellen von nebeneinander liegenden Spalten ermöglichen: Tabellen und Tabulatoren.

Außerdem erfahren Sie, wie man Grafiken und AutoFormen in *Word* verändert.

Zum Schluss lernen Sie noch die Silbentrennung kennen. Es geht hierbei um die Trennung langer Wörter in einer Zeile, um das Erscheinungsbild eines Textes zu verbessern.

Neue Fähigkeiten

Am Ende dieser Lektion sollten Sie in der Lage sein,

- Tabellen zu erstellen und zu formatieren,
- Tabulatoren einzufügen und zu bearbeiten,
- Grafiken einzufügen,
- AutoFormen zu erstellen,
- Grafiken und AutoFormen zu verschieben und in ihrer Form und Größe zu verändern,
- manuelle und automatische Silbentrennung in einem Text anzuwenden.

Neue Wörter

Am Ende dieser Lektion sollten Sie in der Lage sein, folgende Begriffe zu erklären:

- Tabelle
- Tabulator
- Autoform
- Silbentrennung

Die Verwendung von Tabellen in Word

Eine Tabelle besteht aus rechteckigen Zellen, die in Zeilen und Spalten angelegt sind. Text verhält sich in einer Zelle genauso wie auf einer normalen Seite. Während Sie Text in eine Zelle eingeben, wächst die Zeilenhöhe mit jeder neuen Textzeile.

Sie können entweder neue, leere Tabellen erzeugen und sie mit Text und Grafik füllen oder Sie wandeln einen schon vorhandenen Text in eine Tabelle um.

> **Tabelle**
>
> *Eine Reihe von Zellen, die in Zeilen und Spalten angeordnet sind und sowohl Text als auch Grafik enthalten können.*

Übung 31: Eine Tabelle neu erstellen

In dieser Übung erstellen Sie eine Tabelle, die Sie mit Text füllen.

1) Öffnen Sie *Word* und klicken Sie dann auf die Schaltfläche NEU, um ein neues Dokument zu erstellen. Klicken Sie auf die Schaltfläche SPEICHERN, um das Dokument zu speichern. Geben Sie dem Dokument einen Namen, den Sie sich leicht merken können, z.B. *BMtabelle.doc*.

2) Wählen Sie TABELLE/ZELLEN EINFÜGEN/TABELLE EINFÜGEN. Geben Sie in das eingeblendete Dialogfeld den Wert 2 für Spalten und 4 für Zeilen ein und klicken Sie auf OK. Sie können später noch Zeilen und Spalten hinzufügen oder löschen.

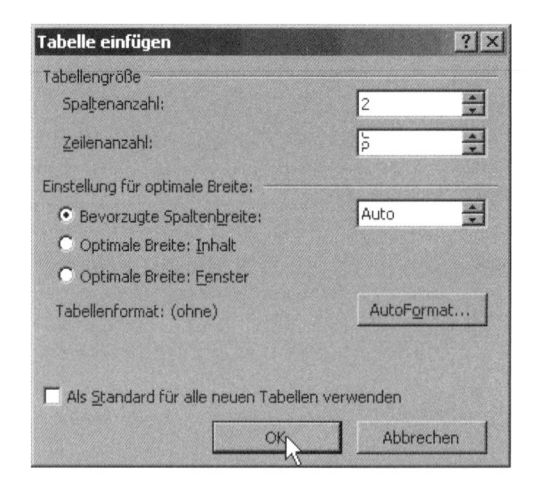

Belassen Sie den Standardwert *Auto* für die Spaltenbreite. Bei dieser Einstellung werden gleich breite Spalten erzeugt, die auf die Seitenbreite anpasst sind.

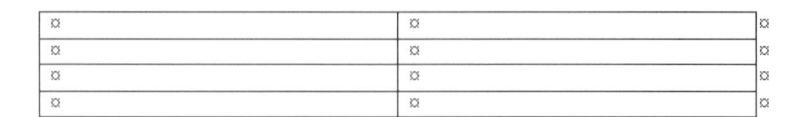

3) Klicken Sie in die obere linke Zelle und schreiben Sie *Verkaufsregion*.

4) Drücken Sie auf die TAB-Taste. Wenn Sie innerhalb einer Tabelle die TAB-Taste verwenden, wird dadurch kein Tabstopp eingefügt, sondern der Cursor springt in die nächste Zelle. Wenn Sie gleichzeitig die Umschalt- und die TAB-Taste (SHIFT+TAB) drücken, springt der Cursor zurück in die vorherige Zelle. Sie können aber auch die Pfeiltasten und die Maus verwenden, um in die verschiedenen

Zellen zu gelangen. (Um einen Tab in eine Tabelle einzugeben, drücken Sie STRG+TAB.)

Mit dem Cursor in der oberen rechten Zelle schreiben Sie *Anzahl verkaufte Einheiten.*

5) Bewegen Sie den Cursor durch die übrigen Zellen und geben Sie Text ein, bis Ihre Tabelle wie unten aussieht.

Verkaufsregion	Anzahl verkaufte Einheiten
Europa	1234
Lateinamerika	5678
China	4321

Glückwunsch, Sie haben gerade Ihre erste Tabelle in *Word* erstellt! Speichern Sie Ihre Tabelle und lassen Sie das Dokument dann geöffnet.

Einzelne Zellen einer Tabelle auswählen

Das Formatieren und Ausrichten von Text innerhalb einer Zelle läuft nach den gleichen Regeln ab wie bei Text auf einer normalen Seite. Text in einer Zelle wählen Sie wie folgt aus:

- Um Text in einer Zelle auszuwählen, ziehen Sie die Maus darüber.
- Um eine einzelne Zelle auszuwählen, klicken Sie einfach an den linken Zellenrand.

- Um eine ganze Zeile auszuwählen, doppelklicken Sie an den linken Rand der am weitesten links liegenden Zelle.
- Um eine Spalte auszuwählen, bewegen Sie den Cursor mit Hilfe der Maus an den oberen Rand einer Spalte, bis der Cursor sich in einen dicken, nach unten gerichteten Pfeil verwandelt. Klicken Sie dann, um die gesamte Spalte auszuwählen.

- Um die gesamte Tabelle auszuwählen, wählen Sie TABELLE/TABELLE MARKIEREN.

Hier ein paar Regeln, um in einer Tabelle Änderungen vorzunehmen.

- Um eine neue Zeile einzufügen, wählen Sie die Zeile unterhalb oder oberhalb der Stelle, an der Sie die neue Zeile einfügen möchten, und anschließend die Optionen TABELLE/ZELLEN EINFÜGEN/ZEILEN UNTERHALB ODER ZEILEN OBERHALB.

- Um am unteren Ende der Tabelle eine zusätzliche Zeile einzufügen, wählen Sie die Markierung *Zeilenende* und drücken Sie die Eingabetaste. Wahlweise können Sie auch in die letzte Zelle der Tabelle gehen und die TAB-Taste drücken.

- Um eine Spalte einzufügen, wählen Sie die Spalte rechts oder links neben der Stelle, an der Sie die neue Spalte einfügen möchten, und anschließend die Optionen TABELLE/ZELLEN EINFÜGEN/SPALTEN NACH LINKS ODER SPALTEN NACH RECHTS.

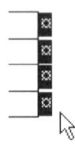

- Um eine Zeile oder Spalte zu löschen, wählen Sie diese aus und dann TABELLE/LÖSCHEN/SPALTEN oder TABELLE/LÖSCHEN/ZEILEN.

- Um zwei oder mehrere Zellen derselben Zeile zu einer einzigen zu verbinden, wählen Sie TABELLE/ZELLEN VERBINDEN.

- Um eine ausgewählte Zelle in zwei Zellen der gleichen Zeile zu teilen, wählen Sie TABELLE/ZELLEN TEILEN.

- Um Zellen einen Rahmen und eine Schattierung hinzuzufügen, wählen Sie die entsprechenden Zellen, Zeilen, Spalten oder die gesamte Tabelle aus und anschließend FORMAT/RAHMEN UND SCHATTIERUNG.

- Um die Standardrahmen (Gitternetzlinien) einer Tabelle auszuschalten, so dass sie zwar auf dem Bildschirm, nicht aber im Ausdruck erscheinen, wählen Sie die Tabelle aus und dann TABELLE/GITTERNETZLINIEN AUSBLENDEN.

Übung 32: Ihre Tabelle formatieren und verändern

1) Markieren Sie die oberste Zeile der in Übung 31 erstellten Tabelle. Wählen Sie dann FORMAT/ZEICHEN, *Arial, 12* Punkt, *Fett* und klicken Sie dann auf OK.

2) Während die oberste Zeile noch ausgewählt ist, klicken Sie auf die Schaltfläche ZENTRIERT.

Verkaufsregion	Anzahl der verkauften Einheiten
Europa	1234

3) Setzen Sie den Cursor in die Zelle, in der Lateinamerika steht, wählen Sie TABELLE/ZELLE EINFÜGEN/ZEILEN OBERHALB und schreiben Sie den folgenden Text.

Südafrika	581

4) Wählen Sie die oberste Zeile der Tabelle aus und dann TABELLE/ZELLE EINFÜGEN/ ZEILEN OBERHALB.

5) Während die oberste Zeile noch markiert ist, wählen Sie TABELLE/ZELLEN VERBINDEN.

6) Schreiben Sie *Verkaufszahlen* in die Zelle.

7) Markieren Sie die oberste, verbundene Zeile. Wählen Sie dann FORMAT/ZEICHEN und *Arial, 14* Punkt, *Fett, kursiv*. Klicken Sie auf OK.

8) Als Standard hat jede Zelle in *Word* einen Rahmen, der als ½ Punkt, schwarze, durchgehende Linie formatiert ist. Wählen Sie die oberste Zeile aus, dann FORMAT/RAHMEN und Schattierung und weisen Sie ihr dann eine doppelte Linie als unteren Rand zu.

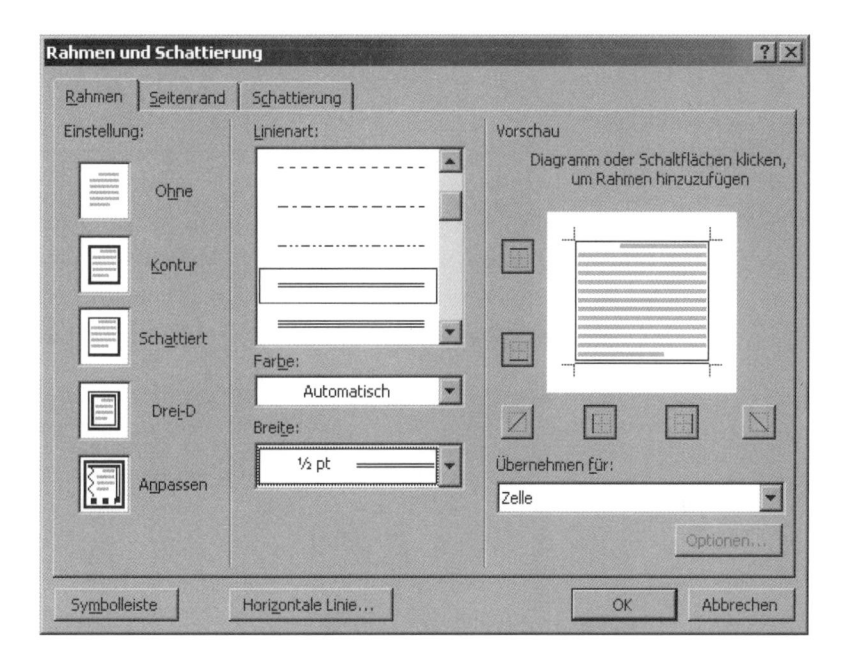

9) Wählen Sie alle Zeilen außer der obersten aus und klicken Sie dann auf FORMAT/RAHMEN UND SCHATTIERUNG. Klicken Sie auf das Register *Schattierung* und wählen Sie dann einen *Hintergrund 15% grau* aus.

Ihre Tabelle sollte wie abgebildet aussehen.

Speichern Sie Ihre Tabelle wieder und lassen Sie das Dokument geöffnet.

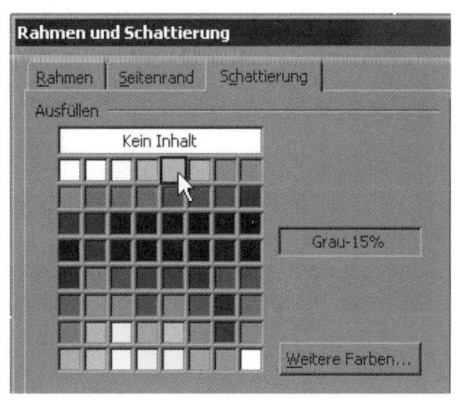

Verkaufszahlen	
Verkaufsregion	Anzahl der verkauften Einheiten
Europa	1234
Südafrika	581
Lateinamerika	5678
China	4321

Spaltenbreite, Zeilenhöhe und Abstand

Um die Breite einer Spalte zu verändern, setzen Sie den Cursor über den rechten oder linken vertikalen Rand der Spalte. Ziehen Sie dann mit der Maus, bis die Spalte die gewünschte Breite hat.

Während Sie die Breite einer Spalte verändern, passt *Word* die übrigen Spalten automatisch an, so dass die Gesamtbreite der Tabelle bestehen bleibt. Wenn Sie während der Änderung der Spaltenbreite die Umschalt-Taste gedrückt halten, verändert *Word* die Breite der gesamten Tabelle um dieses Maß.

Die Zeilenhöhe kann auf ähnliche Weise geändert werden.

AutoFormat für Tabellen

Das in *Word* enthaltene AutoFormat für Tabellen bietet Ihnen eine Reihe verschiedener vordefinierter Tabellen mit Rahmen und Schattierung. Um einer Tabelle ein AutoFormat zuzuweisen, wählen Sie diese aus, bevor Sie auf TABELLE/TABELLE AUTOFORMAT klicken. Das Dialogfeld *AutoFormat* bietet Ihnen eine Vorschau an, in der Sie die verschiedenen Formatierungen Ihrer Tabelle sehen können.

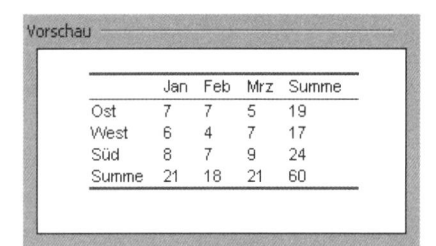

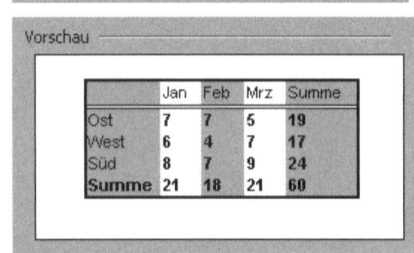

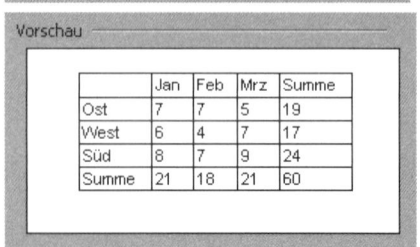

Einige Beispiele der in Word vorhandenen Möglichkeiten von AutoFormat

Üben Sie diesen Vorgang, indem Sie Ihre Tabelle auswählen und ihr die verschiedenen AutoFormate zuweisen. Speichern und schließen Sie Ihr Dokument, wenn Sie fertig sind.

Einführung in die | Alte Schreibmaschinen hatten eine TAB-Taste, die, wenn sie gedrückt
Welt der Tabulatoren | wurde, die Position des Anschlags veränderte. In der Regel gab es ca. 10 Tabulatorstellen, Tabstopps genannt, die ca. 1,5 cm voneinander entfernt waren.

Das einmalige Drücken der TAB-Taste brachte den Anschlag auf den ersten Tabstopp, ein weiters Drücken auf den zweiten Tabstopp usw.

Das Schreiben eines Textes an den gleichen Tabstopp in verschiedenen Reihen untereinander ermöglichte es, vertikale Textspalten zu erzeugen.

1	2	3	4	5	6	7	8	9	10
	Gebratene Zwiebelringe				DM 3,95				
	Champignons in Bierteig				DM 4,95				
	Gebackene Zucchinischeiben				DM 4,95				
	Panierte Mozarellastangen				DM 5,95				

Im Beispiel sehen Sie, wie der zweite Tabstopp dazu verwendet wird, die verschiedenen Artikel untereinander zu schreiben, während der sechste Tabstopp die verschiedenen Preise aufreiht.

Die Idee der Tabstopps findet sich auch in den Programmen der Textverarbeitung wieder. Die Tastatur eines Computers verfügt über eine TAB-Taste und wie andere Programme, bietet auch *Word* Tabulatoren an.

Wenn Sie Tabulatoren verwenden, ähnelt das Ergebnis einer Tabelle. Text erscheint in Spalten und läuft nicht ohne Unterbrechung vom linken zum rechten Seitenrand.

Tabstopps

Eine vordefinierte Stelle zwischen dem linken und rechten Seitenrand zur horizontalen Textpositionierung. Durch die Verwendung gleicher Tabstopps in aufeinander folgenden Zeilen wird eine spaltenähnliche Struktur des Textes erreicht.

Wenn es darum geht, kleine Textmengen wie z.B. Adressen am oberen Teil eines Dokuments zu positionieren, ist die Verwendung von Tabstopps schneller als die einer Tabelle.

Die Verwendung von Tabulatoren in Word

Wählen Sie FORMAT/TABSTOPP, um in das Dialogfeld *Tabulatoren* zu gelangen, in dem die festgelegten Tabstopps von *Word* zu sehen sind. Als Standardeinstellung verfügt *Word* über zehn vordefinierte Tabstopps, die jeweils 1,25 cm auseinander liegen.

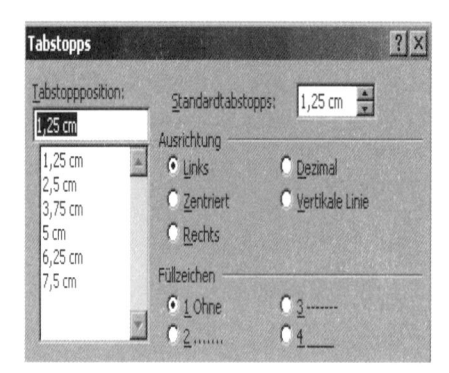

Übung 33: Der Gebrauch von Tabstopps

1) Öffnen Sie den Brief, den Sie in Übung 3.1 erstellt und abgespeichert haben.

2) Setzen Sie den Cursor an den Anfang der ersten Zeile und schreiben Sie *ABC GmbH*.

3) Setzen Sie den Cursor an den Anfang der zweiten Zeile und schreiben Sie *Block 5A*.

4) In der dritten Zeile schreiben Sie *Gewerbepark Hürth*.

    Sollte eine Zeile des Absenders beim Eingeben der Adresse nach unten rutschen oder sich verschieben, verwenden Sie bitte die ENTF-Taste, um Tabstopps in der entsprechenden Zeile zu löschen. Löschen Sie so viele Tabstopps wie nötig, um den Absender wieder an die ursprüngliche Position zu bringen.

5) Der neu eingegebene Text nimmt die Formatierung *fett* des Absenders an. Ändern Sie die Formatierung in *Standard*. Ihr Brief sollte jetzt so aussehen.

Speichern und schließen Sie Ihr Dokument.

In der nächsten Übung verwenden wir die Tabulatoren in *Word*, um eine Speisekarte zu erstellen.

Übung 34: Mit Hilfe von Tabstopps eine Speisekarte erstellen

1) Öffnen Sie ein neues Dokument und geben Sie den folgenden Text ein:

   Brot mit Gouda 5,50DM Brot mit Appenzeller 6,50DM¶
   Brot mit Frischkäse 5,50DM Brot mit Emmentaler 6,50DM¶
   Brot mit Mettwurst 6,50DM Brot mit Blutwurst 6,50DM¶
   Brot mit geräuchertem Schinken 8,50DM Brot mit gekochtem Schinken 8,50DM¶

2) Werden die Tabstopps in *Word* in cm, Zoll oder einer anderen Maßeinheit gemessen? Um das herauszufinden, wählen Sie FORMAT/TABSTOPP. Schauen Sie nach und klicken Sie dann auf OK.

   Wenn die Angaben z.B. in Zoll erfolgen, ändern Sie diese in cm. Wählen Sie dazu EXTRAS/OPTIONEN und dann im Register *Allgemein* die Einheit Zentimeter.

   Maßeinheit: Zentimeter

3) Setzen Sie den Cursor in der ersten Zeile an das Ende des Wortes *Gouda* und drücken Sie die ENTF-Taste, um den Leerschritt zwischen *Gouda* und *5,50DM* zu entfernen. Drücken Sie dann dreimal die TAB-Taste.

4) Wiederholen Sie Schritt 3 bei den nächsten drei Zeilen. Achten Sie darauf, wie oft Sie die TAB-Taste drücken müssen, damit alles klar untereinander steht.

   ```
   Brot mit Gouda→       →       5,50DM Brot mit Appenzeller 6,50DM¶
   Brot mit Frischkäse   →       5,50DM Brot mit Emmentaler 6,50DM¶
   Brot mit Mettwurst    →       6,50DM Brot mit Blutwurst 6,50DM¶
   Brot mit geräuchertem Schinken →8,50DM Brot mit gekochtem Schinken 8,50DM¶
   ```

5) Setzen Sie den Cursor in der ersten Zeile hinter *5,50DM* und drücken Sie die ENTF-Taste, um den Leerschritt zwischen *DM* und *Brot* zu löschen. Drücken Sie zweimal auf die TAB-Taste.

6) Wiederholen Sie Schritt 5 mit den übrigen drei Zeilen.

7) Setzen Sie den Cursor in der ersten Zeile hinter *Appenzeller* und drücken Sie die ENTF-Taste, um den Leerschritt zwischen *Appenzeller* und *6,50DM* zu löschen. Drücken Sie zweimal auf die TAB-Taste.

8) Wiederholen Sie Schritt 7 mit den übrigen drei Zeilen. Ihr Text sollte nun so aussehen.

   ```
   Brot mit Gouda→    →    5,50DM  →   →   Brot mit Appenzeller  →   →   6,50DM¶
   Brot mit Frischkäse →   5,50DM  →   →   Brot mit Emmentaler   →   →   6,50DM¶
   Brot mit Mettwurst  →   6,50DM  →   →   Brot mit Blutwurst    →   →   6,50DM¶
   Brot mit geräuchertem Schinken →8,50DM  →   Brot mit gekochtem Schinken →   →   8,50DM¶
   ```

Speichern Sie Ihr Dokument unter einem leicht zu merkenden Namen, z.B. BMspeisekarte.doc, ab und schließen Sie es.

Tabulator-Ausrichtung

Die Tabstopps, die Sie bis jetzt verwendet haben, waren alle linksbündig. Bei einem Tabstopp von 5 cm bedeutet dies, dass der entsprechende Text oder die entsprechende Zahl so positioniert wird, dass die Eingabe 5 cm vom linken Blattrand nach innen eingerückt erfolgt. *Word* hat aber noch drei andere Tabstopps zu bieten:

- **Zentriert:** Der durch diesen Tabstopp positionierte Text bzw. die Zahl ist so ausgerichtet, dass seine Mitte (angenommen) 5 cm vom linken Blattrand liegt.

- **Rechtsbündig:** Der durch diesen Tabstopp positionierte Text bzw. die Zahl ist so ausgerichtet, dass er bei (angenommen) 5 cm endet.
- **Dezimal:** Wenn es sich um eine Dezimalzahl handelt, die durch diesen Tabstopp positioniert wird, wird die Zahl so ausgerichtet, dass sich das Dezimalkomma (angenommen) 5 cm vom linken Rand befindet.

Wenn es sich um Text oder eine Zahl ohne Dezimalkomma handelt, so entspricht das Ergebnis dem rechtsbündigen Tabstopp.

In der nächsten Übung verwenden wir alle vier Arten von Tabstopps: rechtsbündig, linksbündig, zentriert und dezimal.

Übung 35: Die vier verschiedenen Arten des Tabstopps verwenden

1) Erstellen Sie ein neues Dokument und schreiben Sie den Text, wie unten angezeigt. Formatieren Sie den Text *Preis pro Einheit* fett.

```
Preis pro Einheit¶
,853¶
621¶
45¶
68,82¶
```

2) Wählen Sie hintereinander jede einzelne der fünf Zeilen aus (jedoch ohne die dazugehörige Absatzmarke), kopieren Sie den Text dreimal und fügen Sie ihn rechts wieder ein. Ihr Dokument sollte nun so aussehen.

```
Preis pro Einheit Preis pro Einheit Preis pro Einheit Preis pro Einheit¶
,853,853,853,853¶
621621621621¶
45454545¶
68,8268,8268,8268,82¶
```

3) Fügen Sie nun, wie unten angezeigt, in jeder Zeile vier Tabstopps ein. (Die Positionen der Tabstopps sind *Words* Standardwerte.)

```
    Preis pro Einheit  →  Preis pro Einheit  →  Preis pro Einheit  →  Preis pro Einheit¶
    ,853   → ,853   → ,853   → ,853¶
    621    → 621    → 621    → 621¶
    45     → 45     → 45     → 45¶
    68,82  → 68,82  → 68,82  → 68,82¶
```

4) Wählen Sie alle fünf Zeilen des Textes aus und dann FORMAT/TABSTOPP.

5) Setzen Sie die folgenden Tab-Werte mit den entsprechenden Ausrichtungen.

Position des Tabulators	Ausrichtung
6 cm	Zentriert
11 cm	Rechts
15 cm	Dezimal

Geben Sie dabei die einzelnen Werte ein, wählen Sie eine Ausrichtung und klicken Sie auf FESTLEGEN.

6) Wenn Sie fertig sind, klicken Sie auf OK. Ihr Dokument sollte nun so aussehen.

```
Preis pro Einheit   →   Preis pro Einheit  → Preis pro Einheit  →  Preis pro Einheit¶
,853                →        853           →      ,853          →         ,853¶
621                 →        621           →       621          →          621¶
54                  →         54           →        54          →           54¶
26,25               →       26,25          →      26,25         →        26,25¶
```

7) Speichern Sie Ihr Dokument unter einem leicht zu merkenden Namen, z.B. *BMpreis pro einheit.doc*.

Tabstopps mit Lineal verwenden

Sie können die Standard-Tabstopps von *Word* anzeigen lassen und ändern, indem Sie ANSICHT/LINEAL wählen. Am oberen Rand des Dokuments erscheint ein Lineal. Sie können die Standard-Tabstopps hierauf als gleichmäßige Abstände ablesen.

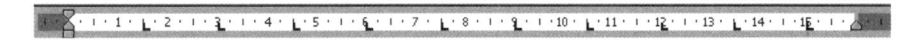

Sie können die Position der einzelnen Tabstopps verändern, indem Sie sie auf dem Lineal einfach nach rechts oder links verschieben.

Der Abstand zwischen den einzelnen Standard-Tabstopps ändert sich proportional. Währen Sie einen Tabstopp verschieben, zeigt *Word* eine vertikale, gestrichelte Linie an, die sich vom Lineal unten durch das Dokument zieht.

⌞ ← Links
⊥ ← Zentriert
⌟ ← Rechts
⊥. ← Dezimalpunkt

Am linken Ende des Lineals befindet sich der Knopf, um die gewünschte Tabulatorart auszuwählen. Durch das Anklicken dieses Knopfes werden die vier verschiedenen Tabulatorarten im Wechsel angezeigt: Tabstopp links (Standard), Tabstopp zentriert, Tabstopp rechts und Tabstopp dezimal.

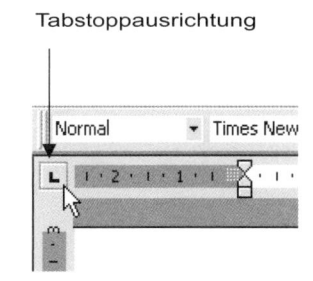

Tabstoppausrichtung

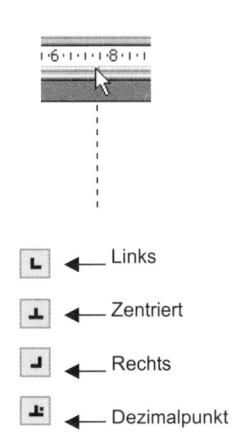

Um einen neuen Tabstopp einzufügen, klicken Sie so lange auf den Knopf zur Tabstoppwahl, bis der gewünschte Tabstopp angezeigt wird. Klicken Sie dann an die Stelle des Lineals, an der Sie den Tabstopp setzen möchten. Um einen Tabstopp zu entfernen, klicken Sie ihn einfach an und ziehen Sie ihn aus dem Lineal.

Der Gebrauch von Grafiken in Word

Sie können Ihre *Word*-Dokumente mit verschiedenen Arten von Grafik illustrieren:

- Mit Diagrammen, die Sie in einem Programm zur Tabellenkalkulation, z.B. *Excel*, erstellt haben.
- Zeichnungen und Fotos, die in einem Zeichenprogramm, z.B. *Paint Shop Pro* oder *Adobe Photoshop*, erstellt bzw. geändert wurden.

In *Word* finden Sie 51 Kategorien von so genannten ClipArts. Diese ClipArts können Sie immer wieder in den unterschiedlichsten Dokumenten verwenden. Beispiele für Standard-ClipArts sind z.B. Mann am Telefon, Weihnachtsmann, Zeigefinger, Sonnenuntergang etc. Sie können ClipArts auch auf vielen CD-ROMs und im Internet finden.

> **ClipArt-Sammlung**
> *Eine Sammlung frei verfügbarer Standardbilder, die immer wieder in verschiedenen Dokumenten verwendet werden können.*

Grafik importieren: zwei Methoden

Es gibt mehrere Möglichkeiten, Grafiken zu importieren: zum *einen Kopieren und Einfügen*, zum anderen *Aus Datei einfügen oder aus ClipArt Galerie einfügen*.

Grafiken: Kopieren und Einfügen

Diese Möglichkeit funktioniert nur, wenn Sie die Datei, in der sich die Grafik befindet, öffnen können. Dazu benötigen Sie auf Ihrem Computer ein Programm, das die verschieden Grafikformate lesen kann.

Wenn Sie z.B. eine Grafik in *Word* einbinden möchten, die in Adobe Photoshop erstellt worden ist, muss Adobe Photoshop auf Ihrem Computer installiert und geöffnet sein. Wenn dies nicht der Fall ist, benötigen Sie zumindest ein anderes Grafikprogramm, das in der Lage ist, Photoshop-Dateien (.psd) zu öffnen.

Öffnen Sie die Datei mit der gewünschten Grafik. Wählen Sie dann die Grafik (oder Teile davon) aus und kopieren Sie dann mit BEARBEITEN/ KOPIEREN die Grafik in die Zwischenablage. Wechseln Sie dann wieder zu *Word* und setzen Sie den Cursor an die Stelle, an der Sie die Grafik einfügen möchten. Wählen Sie dann BEARBEITEN/EINFÜGEN.

Grafiken: Datei einfügen

Diese Variante ermöglicht es Ihnen, eine Grafik in *Word* einzubinden, auch wenn Sie das Programm, mit dem die Grafikdatei erstellt wurde, nicht auf Ihrem Computer installiert haben.

Setzen Sie den Cursor an die Stelle im Dokument, an der die Grafik eingefügt werden soll, und wählen Sie dann EINFÜGEN/GRAFIK/AUS DATEI. Suchen Sie nach der gewünschten Grafikdatei, die sich auf Ihrer Festplatte, einer Diskette in Laufwerk A: oder einer CD-ROM befinden kann. Klicken Sie die entsprechende Datei an und wählen Sie dann EINFÜGEN.

Um an die ClipArts zu gelangen, die zu *Word* gehören, wählen Sie EINFÜGEN/GRAFIK/CLIPART. Wählen Sie eine ClipArt-Kategorie aus, dann das entsprechende Bild und klicken Sie auf das Symbol für *Clip einfügen*.

Mit Grafiken arbeiten

Es gibt eine Reihe von Operationen, die Sie an einer eingefügten Grafik vornehmen können. Dabei ist es egal, um welchen Datentyp es sich handelt.

Eine Grafik verschieben

Um eine Grafik zu verschieben, müssen Sie diese zuerst formatieren, indem Sie einfach irgendwo in der Grafik einen Doppelklick ausführen. Wählen Sie im Dialogfeld *Grafik formatieren* die Registerkarte *Layout* und klicken Sie auf die Umbruchart *Rechteck*. Wenn Sie nun den Cursor über die Grafik führen, wird dieser zu einem Kreuz. Halten Sie die linke Maustaste gedrückt und ziehen Sie die Grafik ganz einfach an eine andere Stelle im Dokument.

Um eine Grafik zwischen zwei Dateien hin und her zu schieben, verwenden Sie den Befehl zum AUSSCHNEIDEN UND EINFÜGEN im Menü BEARBEITEN.

Form und Größe einer Grafik ändern

Sie können die Form und Größe einer Grafik verändern, indem Sie die Grafik auswählen und auf einen ihrer acht Markierungspunkte klicken.

Halten Sie die Maustaste gedrückt und ziehen Sie am Rand, um die Form der Grafik zu verändern. Während Sie die Grafik verändern, also am Rand ziehen, stellt *Word* den Rahmen als gestrichelte Linie dar.

Um die Größe einer Grafik zu ändern und gleichzeitig die ursprüngliche Form beizubehalten, benutzen Sie zum Ziehen die Markierungspunkte an den Ecken.

Übung 36: Einfügen eines Word-ClipArts

1) Öffnen Sie das Poster, das Sie in Übung 2 erstellt und gespeichert haben.
2) Setzen Sie den Cursor an das Ende der letzten Zeile *Alle sind herzlich willkommen*. Drücken Sie die Eingabetaste, um eine neue Absatzmarke einzufügen.

3) Wählen Sie EINFÜGEN/GRAFIK/CLIPART, während der Cursor an der neu eingefügten Absatzmarke steht. Im Register *Bilder* suchen Sie nun die Kategorie *Zeichen* und öffnen sie durch Klicken.

4) Führen Sie einen Rechtsklick auf das Nichtraucherzeichen aus und wählen Sie EINFÜGEN aus dem Kontextmenü.

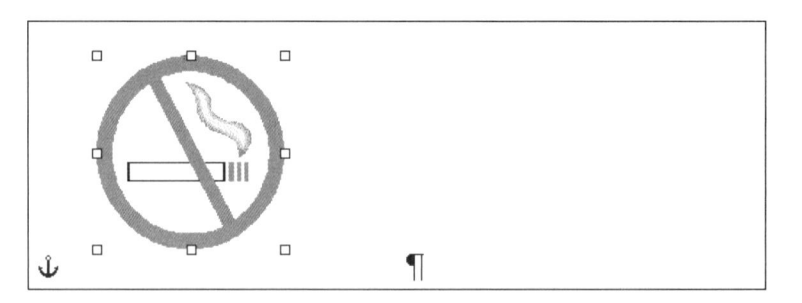

5) Führen Sie einen Doppelklick auf die Grafik aus. Wählen Sie auf der Registerkarte *Layout* die Umbruchart *Rechteck* oder *Passend* und dann OK. Ziehen Sie die Grafik unter die Zeile *Alle sind herzlich willkommen*. Löschen Sie die Absatzmarke, die Sie in Schritt 2 eingefügt haben. Ihr Poster sollte nun so aussehen. Speichern Sie es ab.

Eventuell müssen Sie die Grafik noch verkleinern.

AutoFormen einfügen

AutoFormen sind Kategorien vordefinierter Formen, die Sie in Ihr *Word*-Dokument einfügen können. Unter den AutoFormen finden Sie Linien, Standardformen, Elemente für Flussdiagramme, Sterne und Bänder und Legenden.

Wenn Sie eine AutoForm in einem Dokument verwenden, können Sie deren Position, Form, Größe und Farbe nach Ihren Bedürfnissen verändern.

So wählen Sie eine AutoForm aus:

- Blenden Sie die Symbolleiste *Zeichnen* in *Word* ein, indem Sie ANSICHT/SYMBOLLEISTE/ZEICHNEN wählen.

- Klicken Sie nun auf die Schaltfläche AUTOFORMEN in der Symbolleiste *Zeichnen*.

Sie können aus dem eingeblendeten Kontextmenü eine Kategorie auswählen.

> **AutoFormen**
>
> *Verschiedene Kategorien vorgefertigter Formen. Unter den AutoFormen befinden sich Linien, Standardformen, Elemente für Flussdiagramme, Sterne und Bänder und Legenden.*

Wenn Sie einen Rechtsklick auf eine AutoForm ausführen, bietet *Word* Ihnen mehrere Möglichkeiten an.

- **Text hinzufügen:** Dieser Befehl ermöglicht es Ihnen, in eine AutoForm – Kreis, Rechteck, Oval oder eine andere Form – hineinzuschreiben. Sie können auch Text aus der Zwischenablage in eine AutoForm einfügen.
- **AutoForm formatieren:** Über diesen Befehl können Sie die Farbe der Außenlinie und der Füllung einer AutoForm verändern.

AutoFormen werden auf die gleiche Weise wie andere Grafiken in ihrer Form und Größe verändert.

Übung 37: Mit AutoFormen arbeiten

1) Wenn Ihr Dokument *BMposter.doc* nicht geöffnet ist, öffnen Sie es jetzt.
2) Markieren Sie den Text *Eintritt frei* (aber nicht die dazugehörige Absatzmarke).

Eintritt·Frei¶

3) Schneiden Sie den markierten Text in die Zwischenablage aus.
4) Während sich der Cursor an der Absatzmarke des ausgeschnittenen Textes befindet, drücken Sie sechs Mal die Eingabetaste, um mehrere Absatzmarken einzufügen.
5) Platzieren Sie den Cursor an der zweiten der eingefügten Absatzmarken. Wählen Sie ANSICHT/SYMBOLLEISTE und dann ZEICHNEN aus.

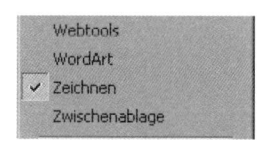

6) Klicken Sie auf die Schaltfläche AUTOFORMEN in der Symbolleiste *Zeichnen*. Wählen Sie aus dem Kontextmenü Standardformen aus. Klicken Sie dann auf das Rechteck mit abgerundeten Ecken.

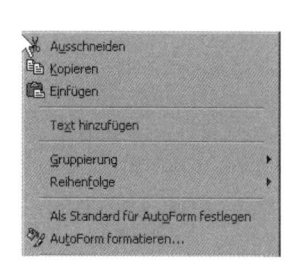

7) Ziehen Sie das Rechteck auf eine Größe, die ausreicht, den Text der Zwischenablage zu fassen. Richten Sie die Form zentriert zwischen rechtem und linkem Rand aus.

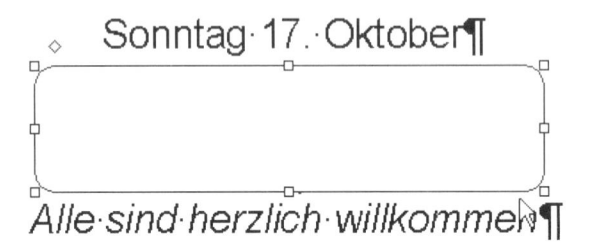

8) Führen Sie einen Rechtsklick auf die AutoForm aus, wählen Sie TEXT HINZUFÜGEN und fügen Sie dann den Text aus der Zwischenablage in die AutoForm ein. Markieren Sie den eingefügten Text und wählen Sie dann zentriert, um ihn in der Mitte der AutoForm zu positionieren. Ändern Sie den Text in *Arial*, *20* Punkt, *Fett*.

9) Klicken Sie auf eine Ecke der AutoForm, um sie zu markieren. Führen Sie einen Rechtsklick aus und wählen Sie aus dem Kontextmenü AUTOFORM FORMATIEREN aus.

   Wählen Sie im Register *Farben und Linien* als Füllfarbe *Gelb* und eine Linienstärke von *1,5* Punkt.

10) Markieren Sie den Text innerhalb der AutoForm und wählen Sie dann FORMAT/ABSATZ. Ändern Sie den *Abstand vor* so lange, bis der Text auch vertikal mittig zwischen dem oberen und unteren Rand der Autoform steht. Das neue Poster-Layout sollte nun so aussehen.

Wann:¶
14:00 Uhr¶
Sonntag 17. Oktober¶

Eintritt Frei¶

Alle sind herzlich willkommen¶

Speichern und schließen Sie das Posterdokument.

Silbentrennung beim Blocksatz

In Lektion 2 haben Sie die Ausrichtungsform Blocksatz kennen gelernt, bei der Text gleichmäßig zwischen dem rechten und linken Rand verteilt ist. Blocksatz wird normalerweise bei schmalen Textspalten in Tageszeitungen oder Zeitschriften verwendet.

Als Blocksatz gesetzte Spalten können bisweilen größere weiße Leerstellen aufweisen, da *Word* den Text so auseinander zieht, dass er auch tatsächlich bis an beide Ränder läuft. Besonders wenn der Text viele lange Wörter enthält, kommt es zu diesen großen Lücken.

Hier kann die Silbentrennung helfen. Sie trägt zu einem professionelleren Aussehen von Text im Blocksatz bei, indem sie lange Wörter trennt und auf zwei Zeilen aufteilt.

Sie können die Funktion zur Silbentrennung setzen, um das nungsbild Ihres ments professioneller aussehen zu lassen. Durch Silbentrennung vermeiden Sie spielsweise Lücken in einem Text, der im Blocksatz formatiert wurde. Außerdem lassen sich dadurch Bige Zeilenlängen in schmalen Spalten	Sie können die Funktion zur Silbentrennung einsetzen, um das Erscheinungsbild Ihres Dokuments professioneller aussehen zu lassen. Durch Silbentrennung vermeiden Sie beispielsweise Lücken in einem Text, der im Blocksatz formatiert wurde. Außerdem lassen sich dadurch gleichmäßige Zeilenlängen in schmalen Spalten errei-
Ohne Silbentrennung	Mit Silbentrennung

Word wendet bei der Silbentrennung zwei Regeln an. Es gibt Wörter, die nie getrennt werden, und Wörter, die nur an ganz bestimmten Stellen im Wort getrennt werden. Sie können Silbentrennung auf gleichmäßig und nicht gleichmäßig ausgerichteten Text anwenden.

> **Silbentrennung**
>
> *Das Trennen eines langen Wortes über zwei Zeilen, um unschöne Lücken im Text zu vermeiden. Wird meistens bei schmalen Spalten im Blocksatz angewendet.*

Die Silbentrennung kann auf zwei Arten angewendet werden: automatisch und manuell.

Automatische Silbentrennung

Word kann die automatische Silbentrennung während der Eingabe auf Ihr Dokument anwenden. Wählen Sie EXTRAS/SPRACHE/SILBENTRENNUNG, aktivieren Sie das Kontrollkästchen AUTOMATISCHE SILBENTRENNUNG und klicken Sie auf OK.

☑ Automatische Silbentrennung

Einstellungen der automatischen Silbentrennung

Word bietet Ihnen bei der Auswahl der automatischen Silbentrennung mehrere Möglichkeiten der Anwendung auf Ihr Dokument an.

- **Wörter in Großbuchstaben trennen:** In der Regel sind nur Überschriften in Großbuchstaben geschrieben. Sie können entscheiden, ob die automatische Silbentrennung auf diesen Teil des Textes angewendet werden soll oder nicht.

- **Silbentrennzone:** Die Entfernung vom rechten Rand, innerhalb derer der Dokumententext getrennt werden soll (nicht bei Blocksatz). Eine breitere Trennzone reduziert die Anzahl der erforderlichen Trennungen, eine schmale Trennzone erhöht die Anzahl der zu trennenden Wörter und somit einen allzu *ausgefransten* rechten Rand.

- **Aufeinanderfolgende Trennstriche:** Die maximal zulässige Zahl aufeinander folgender Textzeilen, die mit einem Trennstrich enden.

Manuelle Silbentrennung

Wenn Sie nicht möchten, dass *Word* eine automatische Silbentrennung auf Ihr Dokument anwendet, sorgen Sie dafür, dass diese Option im Kontrollkästchen deaktiviert ist.

Oftmals ist es besser, die automatische Silbentrennung auszuschalten und eine manuelle Silbentrennung durchzuführen, nachdem Sie einen Text zu Ende geschrieben und bearbeitet haben.

Anwendung der manuellen Silbentrennung

Um die manuelle Silbentrennung auf Ihren Text (oder einen Teil davon) anzuwenden, wählen Sie bitte EXTRAS/SPRACHE/SILBENTRENNUNG und klicken Sie dann auf die Schaltfläche MANUELL.

Word durchläuft den Text und blendet ein Dialogfeld ein, wenn es ein Wort findet, das seiner Meinung nach getrennt werden sollte.

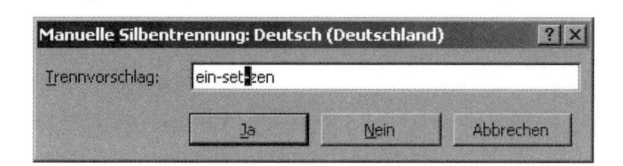

Klicken Sie auf JA, wenn *Word* den Trennstrich an der vorgeschlagenen Stelle einfügen soll. Wenn Sie das Wort an einer anderen als der vorgeschlagenen Stelle trennen möchten, bewegen Sie den Cursor an diese Stelle und klicken Sie dann auf JA. WENN SIE AUF NEIN KLICKEN, WIRD DAS WORT NICHT GETRENNT.

Sie können nun alle geöffneten Dokumente schließen und *Microsoft Word* beenden. Hiermit ist die Lektion 4 des ECDL-Moduls Textverarbeitung abgeschlossen.

Zusammenfassung der Lektion: Das haben Sie gelernt

Eine *Word*-Tabelle besteht aus Zellen, die in Zeilen und Spalten angeordnet sind. Falls nötig, können Sie zusätzliche Zeilen und Spalten in die Tabelle einfügen. Außerdem können Sie Zellen teilen, also aus einer Zelle zwei machen, oder mehrere Zellen zu einer verbinden.

Sie können Höhe und Breite von Zeilen und Spalten ändern, Formatierungen anwenden und Rahmen und Schattierungen hinzufügen. Die Option AUTOFORMAT in *Word* bietet Ihnen eine schnelle Möglichkeit, das Aussehen Ihrer Tabelle zu verbessern.

Tabstopps sind vordefinierte horizontale Einteilungen. Wenn Sie Tabstopps in hintereinander folgenden Zeilen anwenden, entsteht der Eindruck von Textspalten. Füllzeichen sind durchgehende, gepunktete oder gestrichelte Linien, die das Auge des Lesers von einer Spalte zur nächsten führen.

Sie können auf mehrere Arten Grafiken in ein *Word*-Dokument einfügen: durch *Kopieren und Einfügen* oder indem Sie *Grafik Aus Datei oder aus ClipArt einfügen.* Sie können jede Grafik verschieben, neu positionieren und ihre Größe und Form ändern.

AutoFormen sind vordefinierte Formen, die Sie in Ihre *Word*-Dokumente einfügen können. Unter AutoFormen finden Sie Linienformen, Standardformen, Blockpfeile, Elemente für Flussdiagramme, Sterne und Banner und Legenden. AutoFormen werden ähnlich wie Grafiken behandelt bzw. verändert.

Sie können die in *Word* enthaltene Funktion zur Silbentrennung verwenden, um störende, weiße Lücken im Text zu vermeiden. Dabei werden zu lange Wörter am Ende einer Zeile getrennt. Silbentrennung wird meistens auf schmale Spalten im Blocksatz angewendet.

Lektion 5: Seriendruck und Dokumentenvorlagen

Zu dieser Lektion

Post, die zwar individuelle Namen und Adressen (wie *Sehr geehrter Herr Müller*), aber denselben Brieftext (z.B. *Wir erlauben uns, Sie auf unsere neue Kollektion aufmerksam zu machen*) enthält, wird auch als Massenpost oder Postwurfsendung bezeichnet.

Wie werden solche Postwurfsendungen erstellt? Vom Grundsatz her sind die einzelnen Briefe gleich, aber bei näherer Betrachtung stellt man fest, dass es sich nicht einfach um identische Kopien handelt. In einigen Dingen unterscheiden sie sich voneinander.

An dieser Stelle schon mal ein kleiner Hinweis: Jeder einzelne Brief ist das Ergebnis der Zusammenführung von zwei Komponenten. Zum einen der Formbrief, der den eigentlichen Text enthält, und zum anderen die Datenquelle, die aus einer Liste von Namen und dazugehörigen Adressen und anderen Details besteht.

Außerdem erfahren Sie in dieser Lektion etwas über Dokumentenvorlagen und Formatvorlagen. Diese Vorlagen bieten eine schnellen Weg zu Dokumenten, die einen vorgefertigten Text, Bilder, bestimmte Formate und Seiteneinstellungen enthalten.

Neue Fähigkeiten

Am Ende dieser Lektion sollten Sie in der Lage sein,

- die zwei Komponenten eines Serienbriefs zu erstellen, das Hauptdokument und die Datenquelle,

- die entsprechenden Seriendruckfelder auszuwählen und sie in den Formbrief einzufügen,

- einen Formbrief mit einer Datenquelle zu einem Serienbrief zu verbinden,

- die zwei möglichen Rollen einer *Word*-Dokumentenvorlage zu erklären: Dokumentenmuster und Schnittstellensteuerung

- eine geeignete *Word*-Dokumentenvorlage für einen bestimmten Dokumententyp auszuwählen,

- die Beziehung zwischen Stilen und Dokumentenvorlagen zu erklären und Stile auf markierten Text anzuwenden,

- eine andere Dokumentenvorlage mit einem Dokument zu verknüpfen und eine neue Dokumentenvorlage zu erstellen,

- die verschiedene Arten der Seitenansicht in *Word* zu verwenden.

Neue Wörter

Am Ende dieser Lektion sollten Sie in der Lage sein, folgende Begriffe zu erklären:

- Hauptdokument
- Dokumentenvorlage
- Datenquelle
- Stil
- Seriendruckfeld
- Ansicht Normal
- Ansicht Seiten-Layout
- Ansicht Gliederung

Komponenten des Seriendrucks

Ein Seriendruck besteht aus zwei Komponenten: dem Hauptdokument und der Datenquelle. Die Seriendruckfelder übernehmen dabei die Rolle einer *Verbindung*, die die zwei Komponenten zusammenhält. Im weiteren Verlauf werden Sie erfahren, was diese Begriffe bedeuten.

Das Hauptdokument

Das Hauptdokument beinhaltet den Text, der in der Regel bei allen Briefen des Serienbriefdrucks gleich ist. Das gilt auch für Zeichensetzung, Abstände und eventuelle Grafiken.

Name und Adresse werden nie in das Hauptdokument eingetragen, weil sie in jeder Kopie des Serienbriefs verschieden sind.

Hauptdokument

Ein Word-Dokument, das Informationen (Text, Abstände, Zeichensetzung und Grafiken) enthält, die in der Regel in jeder Kopie eines Seriendrucks gleich sind.

Datenquelle

Eine Datenquelle enthält die Informationen, die bei jeder Kopie eines Seriendrucks unterschiedlich sind. Dabei handelt es sich um Name und Adresse der Leute, denen Sie eine Kopie des Serienbriefs zukommen lassen möchten.

Sie können eine Datenquelle in *Word*, in einer Tabellenkalkulation (z.B. *Excel*) oder in einem Datenbankprogramm (z.B. *Access*) erstellen. Egal welchen Dateityp Sie verwenden, der Inhalt muss in einer Tabelle stehen. Die oberste Zeile der Tabelle muss eine Titelzeile sein, in der die Namen der verschiedenen Kategorien wie Name, Ort etc. stehen, denen die darunter liegenden Spalten angehören.

> **Datenquelle**
> *Eine Datei, die Informationen (Name, Adresse) enthält, die in jeder ausgegebenen Kopie des Seriendrucks unterschiedlich sind.*

Seriendruckfelder

«Anrede»¶
«Vorname» «Name»¶
«Adresse1»¶
¶
«Adresse2»¶

Seriendruckfelder stehen in Winkelklammern.

Im Serienbrief ersetzt Word die Seriendruckfelder durch die damit verknüpften Inhalte aus der Datenquelle.

Seriendruckfelder sind spezielle Befehle, die in das Hauptdokument eingefügt werden. Über diese Felder erfährt *Word*, welche Details aus der Datenquelle eingefügt und wo sie im Brief positioniert werden sollen.

Seriendruckfelder haben Bezeichnungen wie z.B. Position, Vorname und Stadt. Wenn Sie nun das Hauptdokument mit der Datenquelle verbinden, ersetzt *Word* die Seriendruckfelder durch die entsprechenden Details der Datenquelle. Dabei würde zum Beispiel das Seriendruckfeld *Stadt* in den verschiedenen Kopien durch München, Köln oder Hamburg ersetzt.

> **Seriendruckfeld**
> *Ein Befehl für Word, an dieser Stelle des Hauptdokuments eine bestimmte Art von Information, z.B. Position oder eine Adresszeile, einzufügen.*

Der Ablauf zum Seriendruck

Stellen Sie sich einen Seriendruck als einen Ablauf bestehend aus fünf Schritten vor. Die Schritte 1 und 2 betreffen die Vorbereitungen, das Hauptdokument und die Datenquelle.

In Schritt 3 stellen Sie die Verbindung zwischen den zwei Komponenten her, indem Sie die Seriendruckfelder in Ihr Hauptdokument einfügen. Dabei entspricht ein Seriendruckfeld jeweils einer Kategorie der Datenquelle, die Sie als Information im Hauptdokument aufnehmen möchten.

Schritt 4 ist optional, aber empfehlenswert. Bevor Sie Ihren Seriendruck endgültig fertig stellen, sollten Sie sich das Ergebnis der ersten und zweiten Kopie vorab in der Vorschau anzeigen lassen, um zu überprüfen, ob die Zusammenführung auch erfolgreich vollzogen wurde.

Schritt 5 beinhaltet dann das eigentliche Ausdrucken Ihres Serienbriefs.

Schritt 1: Hauptdokument vorbereiten

Hier handelt es sich um ein einfaches *Word*-Dokument. Wenn Sie EXTRAS/SERIENDRUCK wählen, sind verschiedene Dinge möglich.

- Sie können einen neuen Brief für Ihren Seriendruck erstellen.
- Sie können einen schon bestehenden Brief als Hauptdokument auswählen.

Die Übungen 38 und 39 leiten Sie durch diese Schritte.

Schritt 2: Datenquelle vorbereiten

Wenn Sie EXTRAS/SERIENDRUCK wählen, können Sie auch hier wieder zwei Dinge tun:

- Ein neues *Word*-Dokument erstellen und darin die Namen und Adressen der Leute eintragen, denen Sie eine Kopie Ihres Serienbriefs zukommen lassen möchten.
- Eine in einer anderen Anwendung erstellte Datei auswählen.

Schritt 3: Seriendruckfelder ins Hauptdokument einfügen

Wenn Sie Ihr Hauptdokument auf dem Bildschirm öffnen, blendet *Word* eine spezielle Symbolleiste für den Seriendruck ein. Eine der Schaltflächen heißt SERIENDRUCKFELD EINFÜGEN. Über diese Schaltfläche wählen Sie die entsprechenden Seriendruckfelder aus, um sie an die richtige Stelle im Hauptdokument zu setzen. In Übung 3.41 erfahren Sie, wie Sie Feldfunktionen einfügen.

Klicken Sie hier, um Seriendruckfelder in Ihr Hauptdokument einzufügen.

Klicken Sie hier, um sich eine Vorschau der ersten Dokumente Ihres Seriendrucks anzusehen.

Klicken Sie hier, um den Seriendruck auszuführen.

Schritt 4: Vorschau des Seriendrucks

Bevor Sie Ihren Serienbrief (vielleicht ja Hunderte oder Tausende) fertig stellen, klicken Sie auf der Seriendrucksymbolleiste auf die Schaltfläche SERIENDRUCK-VORSCHAU, um sich einige der verbundenen Serienbriefkopien anzuschauen.

In Übung 42 erfahren Sie, wie Sie eine Vorschau auf Ihren Serienbrief durchführen können.

Schritt 5: Ausdruck des Serienbriefs

Wenn Sie mit der Vorschau zufrieden sind, klicken Sie einfach auf die Schaltfläche SERIENDRUCK UND DANN AUF ZUSAMMENFÜHREN ODER AUF DAS SYMBOL AUSGABE EINES NEUEN DOKUMENTS, um das Seriendruckdokument zusammenzuführen. Wählen Sie SERIENDRUCK AN DRUCKER, um die einzelnen Kopien Ihres Seriendokuments auszudrucken.

In Übung 43 erfahren Sie, wie Sie Ihren Serienbrief drucken.

Word bietet Ihnen die Möglichkeit, alle Serienbriefe in einer einzigen Datei zu speichern. Dies ist jedoch nicht zwingend notwendig, da Sie die Verknüpfung jederzeit über die Schaltfläche SERIENDRUCK und dann ZUSAMMENFÜHREN oder AUSGABE IN NEUES DOKUMENT schnell wieder herstellen können.

Die Übungen zum Seriendruck

Die Übungen 38 bis 43 führen Sie durch den gesamten Prozess, der für einen Seriendruck notwendig ist.

Bei diesen Übungen setzen wir voraus, dass die Briefe auf ein schon bestehendes Briefpapier mit Absendername und -adresse gedruckt werden. Es müssen also nur noch die Namen und Adressen der Empfänger eingetragen werden.

Übung 38: Ein bestehendes Dokument als Hauptdokument verwenden

Wenn Sie Ihren Brief aus Übung 33 noch haben, dann erfahren Sie jetzt, wie Sie dieses Brief als Hauptdokument verwenden.

Wenn Sie den Brief nicht mehr haben, gehen Sie weiter zu Übung 39, um ein neues Dokument zu erstellen.

1) Öffnen Sie das Dokument, das Sie in Übung 33, Lektion 4 gespeichert haben.

2) Entfernen Sie die Empfängerdaten wie Name und Adresse im linken oberen Bereich und auch die Absenderdaten rechts oben. Als Nächstes löschen Sie bitte die Zeile *Sehr geehrter Herr Müller.*

3) Fügen Sie oben links vier neue Zeilen ein. Ihr Brief sollte nun wie der weiter unten abgebildete aussehen.

4) Wählen Sie EXTRAS/SERIENDRUCK, damit das Dialogfeld *Seriendruck-Manager* eingeblendet wird.

5) Klicken Sie im Bereich 1, Hauptdokument auf die Schaltfläche ERSTELLEN. Ein Kontextmenü wird eingeblendet.

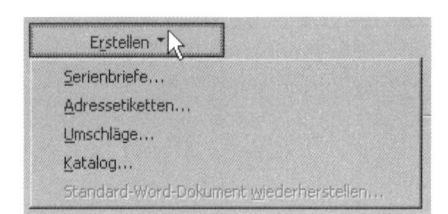

Wählen Sie hieraus die Option SERIENBRIEFE.

6) Klicken Sie im nächsten Dialogfeld, das angezeigt wird, auf AKTIVES FENSTER.

7) Als Nächstes blendet *Word* ein Dialogfeld ein, in dem Sie aufgefordert werden, eine Datenquelle zu erstellen oder auszusuchen. Gehen Sie weiter zu Übung 40.

Übung 39: Ein neues Hauptdokument erstellen

Folgen Sie den Schritten in dieser Übung, um einen neuen Brief für Ihren Seriendruck zu erstellen.

1) Wählen Sie EXTRAS/SERIENDRUCK, um das Dialogfeld *Seriendruck-Manager* einzublenden.

2) Klicken Sie im Bereich 1, Hauptdokument auf die Schaltfläche ERSTELLEN. Ein Kontextmenü wird eingeblendet.

   Wählen Sie hieraus die Option SERIENBRIEFE.

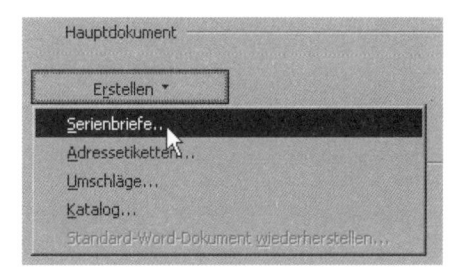

3) Im nächsten Dialogfeld, das eingeblendet wird, klicken Sie AUF NEUES HAUPTDOKUMENT und dann auf ABBRECHEN.

4) *Word* hat ein neues Dokument geöffnet, in das Sie nun den Text für Ihr neues Hauptdokument eingeben können. Schreiben Sie den Text wie in Übung 3.38.

5) Wählen Sie SPEICHERN und geben Sie Ihrer Datei einen leicht zu merkenden Namen wie z.B. BMSerienbrief.doc.

Fahren Sie mit Übung 40 fort.

Übung 40: Eine Datenquelle erstellen

In dieser Übung erstellen Sie eine Datenquelle mit Namen, Adressen und anderen Informationen, die sich in den einzelnen Kopien Ihres Serienbriefs unterscheiden.

Fangen Sie mit dieser Übung nicht an, bevor Sie Übung 38 oder 39 beendet haben.

1) Wenn das Dialogfeld *Seriendruck-Manager* noch nicht geöffnet ist, wählen Sie EXTRAS/SERIENDRUCK.

2) Im Bereich 2, Datenquelle, wählen Sie DATEN IMPORTIEREN, worauf ein Kontextmenü eingeblendet wird.

Wählen Sie hier die Option DATENQUELLE ERSTELLEN.

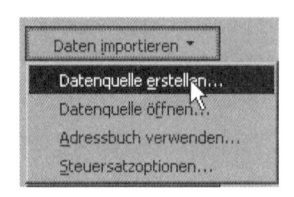

3) Das Dialogfeld *Datenquelle erstellen* wird angezeigt.

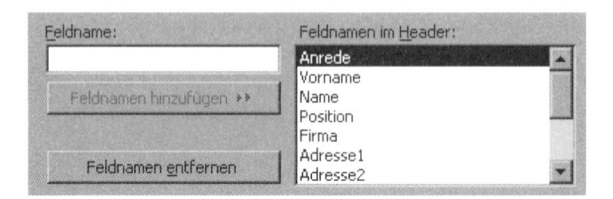

4) Klicken Sie in der angezeigten Liste auf folgende Feldnamen, um sie dann über die Schaltfläche FELDNAMEN ENTFERNEN zu löschen: *Position, Firma, Postleitzahl, Ort, Bundesland, Land, Tel_privat, Tel_geschäftlich.*

5) Sie haben nun alle nötigen Seriendruckfelder. Klicken Sie auf OK.

6) Als Nächstes werden Sie von *Word* aufgefordert, Ihrer Datenquelle einen Namen zu geben und sie zu speichern. Nennen Sie die Datenquelle z.B. *BMdatenquelle* und klicken Sie dann auf SPEICHERN.

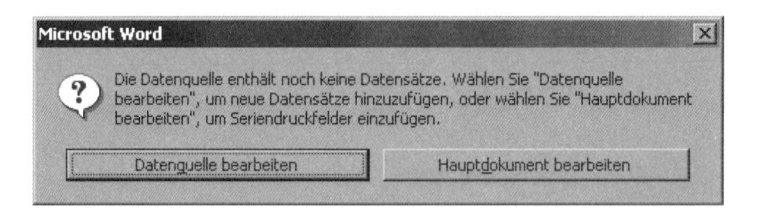

7) Es wird Ihnen ein Dialogfeld angezeigt. Klicken Sie AUF DATENQUELLE BEARBEITEN.

8) *Word* zeigt das Dialogfeld *Datenmaske* an. Tragen Sie die folgenden Daten ein und klicken Sie dann auf NEUER DATENSATZ.

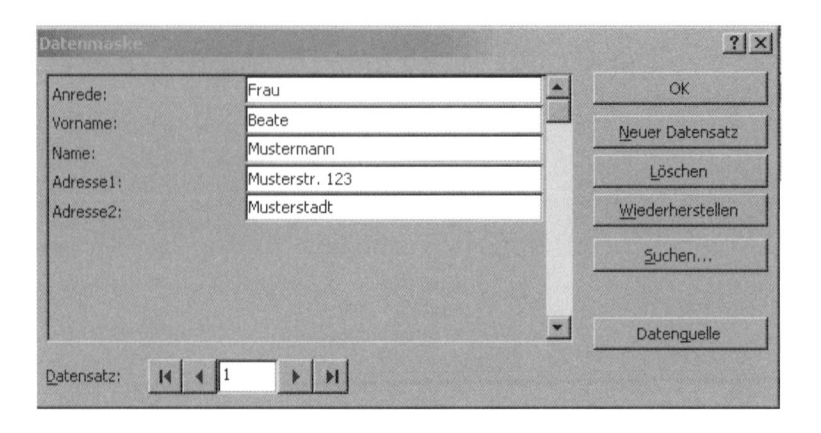

9) Geben Sie einen zweiten Datensatz in die Datenmaske ein.

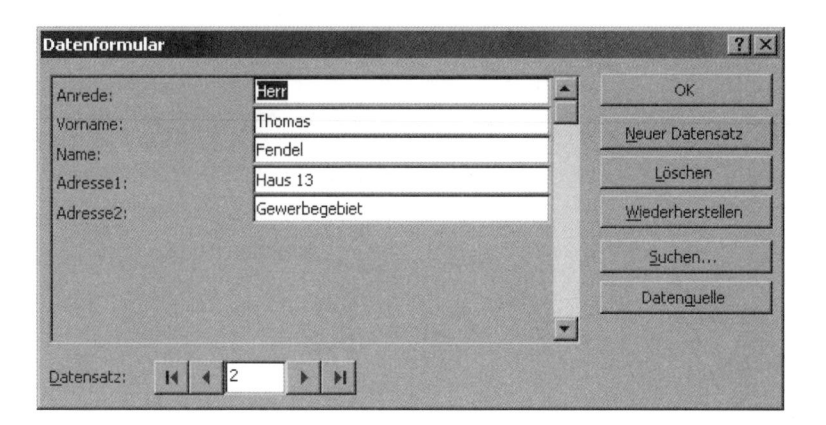

Sie haben eine Datenquelle mit zwei Datensätzen erstellt. Das reicht für diese Übung aus. Es ist aber auch eine Datenquelle mit Hunderten oder Tausenden von Datensätzen denkbar. Dabei enthält jeder einzelne Datensatz die Informationen wie Name, Adresse etc. zu einer bestimmten Person oder Firma.

Datenquelle anschauen

Sie können Ihre Datenquelle genau wie jede andere *Word*-Datei öffnen und bearbeiten. Öffnen Sie nun die Datenquelle, die Sie in Übung 40 erstellt haben. Sie sollte so aussehen:

In der obersten Zeile sehen Sie die einzelnen Kategorien der Seriendruckfelder: Anrede, Vorname, Nachname etc. Darunter befinden sich die einzelnen Datensätze, wobei jede Zeile einen eigenen Datensatz darstellt.

Datenquellen verwenden, die nicht in Word erstellt wurden

Muss Ihre Datenquelle unbedingt ein *Word*-Dokument sein? Nein, muss sie nicht. Sie können auch Dateien verwenden, die in *Excel* oder *Access* erstellt wurden. Die einzige Bedingung besteht darin, dass die Information in einer Art Tabelle stehen muss. Eine Titelzeile bzw. ein Steuerungssatz mit den Namen der Seriendruckfelder, gefolgt von anderen Zeilen, welche die Informationen der einzelnen Datensätze enthalten.

Seriendruckfelder einfügen

Bevor Sie nun alle Daten zusammenführen, bedarf es noch eines letzten Schritts. Sie müssen die Seriendruckfelder in Ihr Hauptdokument einfügen. In Übung 41 erfahren Sie, wie das funktioniert.

Übung 41: Seriendruckfelder einfügen

1) Öffnen Sie Ihr Hauptdokument.

2) Für jedes Seriendruckfeld führen Sie folgende Schritte aus:

   - Setzen Sie den Cursor an die gewünschte Stelle im Hauptdokument.
   - Klicken Sie auf die Schaltfläche SERIENDRUCKFELD EINFÜGEN der Seriendrucksymbolleiste.
   - Klicken Sie auf das entsprechende Feld aus dem Kontextmenü.

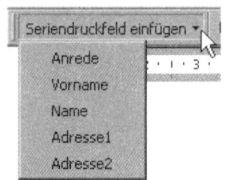

   Fügen Sie alle Felder ein, bis Ihr Hauptdokument wie folgt aussieht:

   ```
   «Anrede»
   «Vorname» «Name»
   «Adresse1»

   «Adresse2»
                                           4. Januar 2001

   Hallo «Anrede» «Name»,
   ```

   Vergessen Sie nicht, Leerschritte zwischen den einzelnen Seriendruckfeldern einzugeben, wie Sie es auch bei einem normalen Text tun würden. Geben Sie auch Kommas und Punkte ein.

   Wenn Sie fertig sind, geben Sie Ihrem Dokument einen Namen und speichern es ab.

Es sind nun alle nötigen Vorbereitungen für einen Seriendruck getroffen.

Übung 42: Vorschau des Seriendrucks

Schaltfläche Seriendruck-Vorschau

1) Öffnen Sie Ihr Hauptdokument, falls Sie es nicht geöffnet haben.

2) Klicken Sie auf die Schaltfläche SERIENDRUCK-VORSCHAU in der Symbolleiste. *Word* zeigt Ihnen den Serienbrief mit den Daten des ersten Datensatzes an. Er sollte so aussehen:

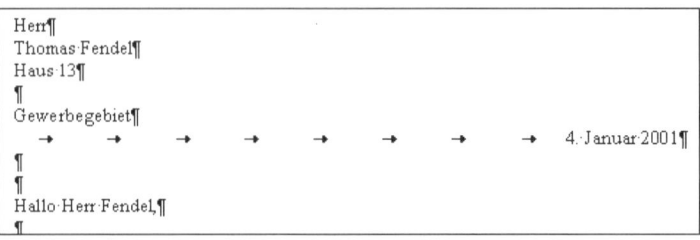

   ```
   Herr
   Thomas Fendel
   Haus 13

   Gewerbegebiet
                                           4. Januar 2001


   Hallo Herr Fendel,
   ```

Schaltflächen Pfeile zum Blättern

3) Über die Schaltfläche NÄCHSTER DATENSATZ können Sie weiterblättern und sich den Brief mit den Daten des zweiten Datensatzes anschauen.

Sie können den Seriendruck jetzt starten.

Übung 43: Seriendruck ausführen

1) Öffnen Sie Ihr Hauptdokument, falls Sie es nicht geöffnet haben.

2) Klicken Sie auf die Schaltfläche SERIENDRUCK in der Seriendrucksymbolleiste. Ein Dialogfeld *Seriendruck* wird eingeblendet. Wählen Sie die Optionen wie im Bild angegeben aus und klicken Sie dann auf ZUSAMMENFÜHREN.

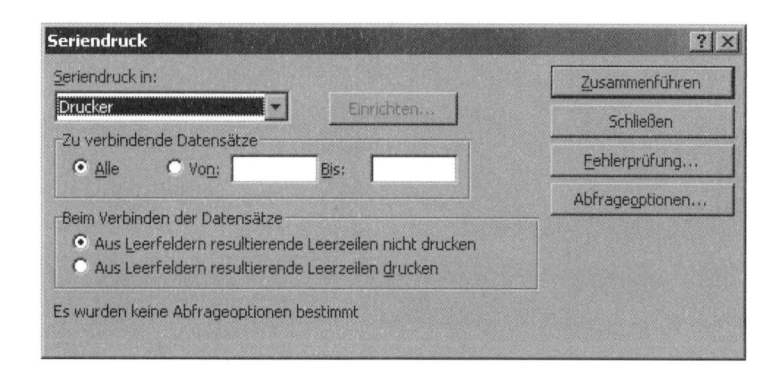

3) *Word* blendet daraufhin das Dialogfeld *Drucken* ein. Klicken Sie auf OK. Das Hauptdokument wird nun mit den zwei Datensätzen im Druck zusammengeführt.

Glückwunsch! Sie haben Ihren ersten Serienbrief in *Word* fertig gestellt.

Adressetiketten im Seriendruck

Sie können die Funktionen des Seriendrucks in *Word* auch dazu verwenden, eine Namens- oder Adressenliste (oder jede andere strukturierte Information) auf Etiketten zu drucken. In Übung 3.44 erfahren Sie, wie das funktioniert.

Übung 44: Seriendruck von Adressetiketten

1) Klicken Sie auf die Schaltfläche NEU, um ein neues WORD-Dokument zu erstellen.

2) Wählen Sie EXTRAS/SERIENDRUCK.

3) Klicken Sie auf ERSTELLEN, wählen Sie die Option ADRESSETIKETTEN und dann AKTIVES FENSTER.

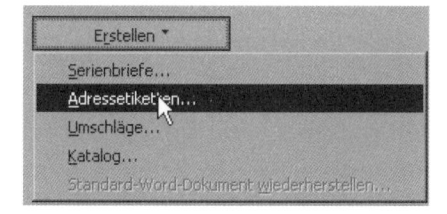

4) Wählen Sie DATEN IMPORTIEREN, um eine Datenquelle mit den gewünschten Namen und Adressen auszuwählen. *Word* bietet Ihnen drei Optionen an:

   Datenquelle erstellen: Wählen Sie diese Option, wenn Sie neue Adressdaten in *Word* eingeben möchten.

Datenquelle öffnen: Wählen Sie diese Option, wenn Sie eine schon vorhandene Liste mit Namen und Adressen in *Word* (oder in einer Tabelle oder Datenbank) verwenden möchten.

Adressbuch verwenden: Wählen Sie diese Option, wenn Sie die Namen und Adressen eines elektronischen Adressbuchs, wie z.B. in *Outlook Express* enthalten, verwenden möchten.

Für die aktuelle Übung wählen Sie bitte *Datenquelle öffnen* und dann die Datenquelle, die Sie in Übung 3.40 in *Word* erstellt haben.

5) Klicken Sie auf HAUPTDOKUMENT EINRICHTEN.

Wählen Sie im Dialogfeld *Etiketten einrichten* den Drucker und die Etiketten, die Sie verwenden möchten, und klicken Sie auf OK.

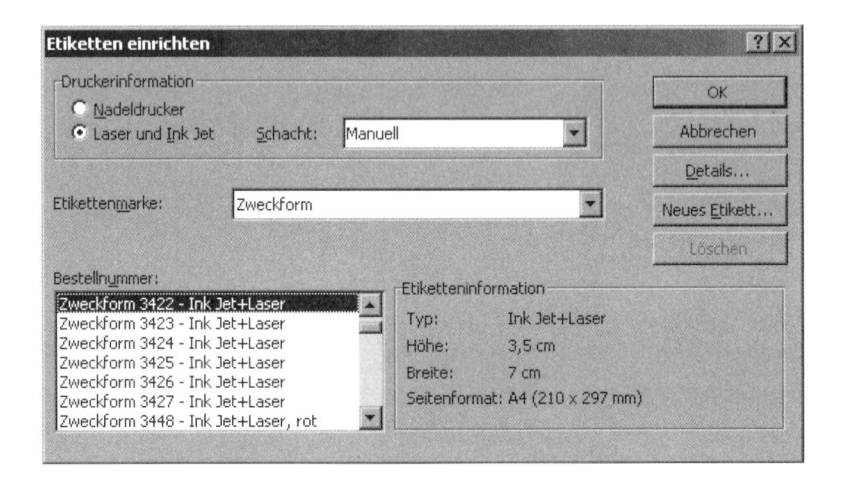

6) Fügen Sie im Dialogfeld *Etiketten erstellen* die nötigen Seriendruckfelder in *Musteretikett* ein. Klicken Sie dann auf OK.

7) Klicken Sie im *Seriendruck-Manager* auf die Schaltfläche AUSFÜHREN und dann ZUSAMMENFÜHREN.

8) Sie haben ein neues Dokument erstellt, in dem in Tabellenform alle Adressen angezeigt werden. Bevor Sie die Etiketten ausdrucken, können Sie eventuelle Änderungen (Schriftschnitt, Schriftart, Schriftgröße, Zeilenabstand usw.) vornehmen.

Gut gemacht! Damit sind die Übungen zum Seriendruck abgeschlossen.

Word-Dokumentenvorlagen

Microsoft Word besteht aus drei Komponenten: dem eigentlichen Anwendungsprogramm *Word*, den Dokumenten, die in *Word* erstellt werden, und einer dritten Komponente, die wir bis jetzt noch nicht kennen gelernt haben: die Dokumentenvorlage.

- **Word-Anwendung:** Die Anwendung stellt Ihnen die Standardmenüs, -befehle und -symbolleisten zur Verfügung. Also all das, was Sie zum Erstellen und Bearbeiten von Dokumenten benötigen.

- **Dokumentendateien:** In diesen Dateien finden Sie den Text, die Grafiken, Formatierungen und Seiteneinstellungen wie Ränder und Ausrichtung für ein bestimmtes Dokument.
- **Word-Dokumentenvorlagen:** Dokumentenvorlagen verfolgen zwei Absichten.
  - Sie können Ihnen ein fertiges Muster für ein Dokument liefern.
  - Sie steuern die *Word*-Schnittstellen: Menüs, Befehle und Symbolleisten, die mit bestimmten Dokumentenvorlagen zur Verfügung stehen.

Eine Dokumentenvorlage als Dokumentenmuster

Eine Dokumentenvorlage kann als Muster für ein Dokument dienen, indem sie folgende Dinge speichert:

- Häufig verwendeten Text oder Grafiken, wie z.B. Ihren Firmennamen und ihr Firmenlogo
- Vordefinierte Formatierungen (wie Schriftart) und Textposition (wie Ausrichtung, Einzüge, Tabstopps, Zeilen- und Absatzabstände)
- Vordefinierte Seitenelemente (wie Seitenränder und Seitenformat)

So könnten Sie den Mitarbeitern in Ihrer Firma viel Zeit sparen, indem Sie z.B. eine Memo-Dokumentenvorlage mit voreingestellten Seitenrändern, dem Firmenlogo und Standardtext für Memos, wie *An:* und *Von:*, erstellen. Der Benutzer einer solchen Dokumentenvorlage muss dann nur noch den fehlenden Text eingeben, da der größte Teil der Formatierung schon erledigt ist.

Eine Dokumentenvorlage als Schnittstellensteuerung

Eine Dokumentenvorlage kann auch benutzerdefinierte *Word*-Befehle wie Menüs und Symbolleisten speichern, nicht benötigte Merkmale lassen sich entfernen. Auf diese Weise kann *Word* relativ einfach an die verschiedenen Bedürfnisse unterschiedlicher Benutzer angepasst werden.

So könnten Sie z.B. eine Dokumentenvorlage erstellen, die neuen Benutzern von *Word* eine benutzerdefinierte Symbolleiste mit entsprechenden Schaltflächen und Menüs zur Verfügung stellt, um die häufigsten Aufgaben des normalen Tagesablaufs bewältigen zu können.

Dokumentenvorlagen und Dokumente

Ob Sie es nun bemerkt haben oder nicht, jedes *Word*-Dokument, das Sie neu geöffnet haben, basiert auf einer Dokumentenvorlage.

Eine einzige Dokumentenvorlage kann die Basis vieler Dokumente bilden. Aber jedem Dokument kann nur jeweils eine Dokumentenvorlage zugrunde liegen.

Wie ein normales Dokument, so ist auch eine Dokumentenvorlage eine *Word*-Datei. Dokumente tragen die Dateinamenerweiterung *.doc*, während die Dateinamenerweiterung für Dokumentenvorlagen *.dot* lautet.

Die Dokumenten-vorlage Normal.dot

Wenn Sie ein neues Dokument in *Word* erstellen, basiert es, wenn nicht ausdrücklich anders angegeben, auf einer Dokumentenvorlage mit Namen *Normal.dot*.

Zusätzlich zu dieser Allzweck-Dokumentenvorlage bietet *Word* auch noch andere speziellere Dokumentenvorlagen für Briefe, Faxe, Memos und Berichte an.

Word-Dokumentenvorlage

Eine Datei, die vorgefertigten Text, Formatierungen, Seiteneinstellungen und eine Schnittstellensteuerung enthalten kann. Jedes Word-Dokument basiert auf einer Dokumentenvorlage, deren Charakteristika es übernimmt.

Dokumentenvorlagen und neue Dokumente

Schaltfläche Neu

In Lektion 1 haben Sie zwei Möglichkeiten kennen gelernt, ein neues Dokument zu erstellen:

- Das Klicken auf die Schaltfläche NEU in der Standardsymbolleiste.
- Die Wahl des Befehls DATEI/NEU.

Wenn Sie auf die Schaltfläche NEU klicken, öffnet *Word* automatisch ein neues Dokument, das auf der *Normal.dot* basiert.

Wenn Sie über den Befehl DATEI/NEU gehen, stellt *Word* Ihnen eine größere Auswahl verschiedener Dokumentenvorlagen zur Verfügung, die Sie in unterschiedlichen Registern des Dialogfelds *Neu* finden.

Übung 45: Eine Vorschau auf Word-Dokumentenvorlagen

1) Wählen Sie DATEI/NEU, um in das Dialogfeld *Neu* zu gelangen.

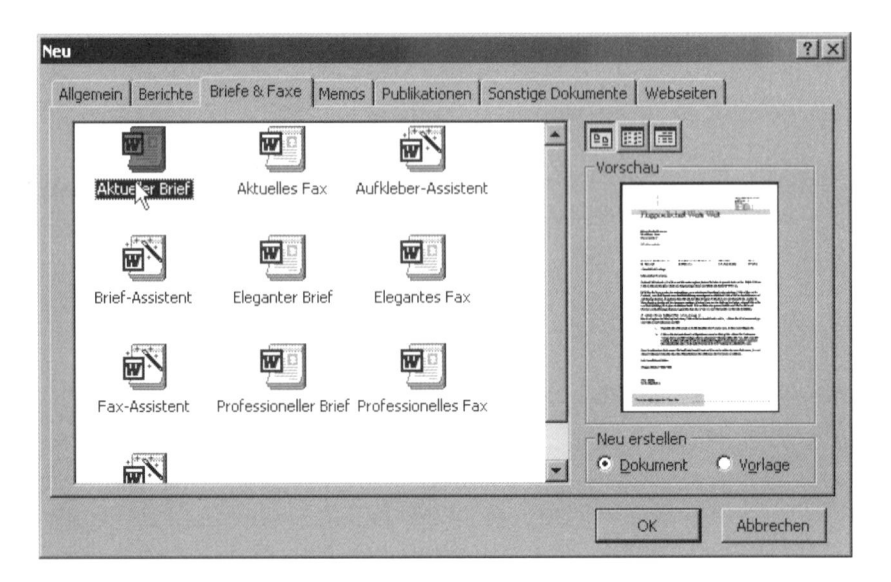

2) Klicken Sie auf die verschiedenen Register, um die verfügbaren Dokumentenvorlagen zu betrachten.

3) Klicken Sie auf die einzelnen Dokumentenvorlagen. Rechts im Vorschaufenster wird eine Miniatur-Vorschau der jeweiligen Dokumentenvorlage angezeigt.

Dokumentenvorlagen und Formatvorlagen

Dropdown-Liste Formatvorlage

Oben links in der Standardsymbolleiste gibt es eine Dropdown-Liste, die Begriffe wie *Standard, Überschrift1, Überschrift2* etc. enthält. Diese Bezeichnungen werden *Formatvorlagen* genannt.

Für den ECDL müssen Sie nur vier Dinge über Formatvorlagen wissen.

- Eine Formatvorlage ist eine Einheit mehrerer Formatierungs- und Positionierungseinstellungen.

- Um eine Formatvorlage zuzuweisen, setzen Sie den Cursor an die gewünschte Stelle im Text und klicken dann in der Dropdown-Liste auf das entsprechende Format.

- Wenn Sie nicht ausdrücklich etwas anderes angeben, legt *Word* automatisch die Dokumentenvorlage *Normal.dot* zugrunde.

- Formatvorlagen sind immer an Dokumentenvorlagen gebunden. Während in einer Dokumentenvorlage das Format *Überschrift3* zentriert, Times 10 Punkt, kursiv sein kann, kann *Überschrift3* in einer anderen Dokumentenvorlage als linksbündig, Arial, 12 Punkt, fett formatiert sein.

Übung 46: Einem Text eine Formatvorlage zuweisen

Für diese Übung öffnen Sie ein zuvor erstelltes und gespeichertes Dokument und weisen ihm eine Formatvorlage für die Überschrift zu.

1) Öffnen Sie das Dokument, das Sie in Übung 30 in Lektion 3 gespeichert haben.

2) Wählen Sie BEARBEITEN/ERSETZEN und schreiben Sie im Register *Ersetzen* die Wörter *Internationaler Standard für Computer-Anwender* in das *Suchen nach-* und *Ersetzen durch-*Feld.

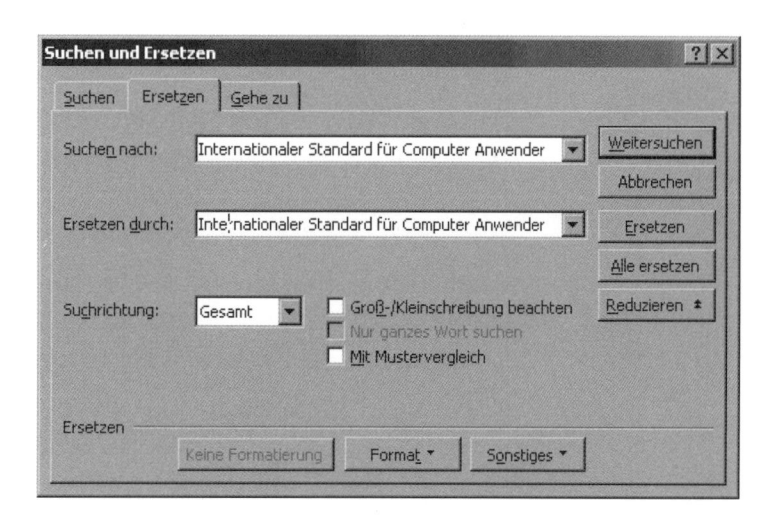

3) Klicken Sie auf die Schaltfläche ERWEITERN, während sich der Cursor im Feld *Ersetzen durch* befindet. Als Nächstes klicken Sie auf die Schaltfläche KEINE FORMATIERUNG, um noch aus vorherigen Übungen vorhandene Formatierungen zu entfernen.

4) Wählen Sie im Kontextmenü FORMATVORLAGEN und dann ÜBERSCHRIFT1 aus der angezeigten Liste aus. Klicken Sie auf OK.

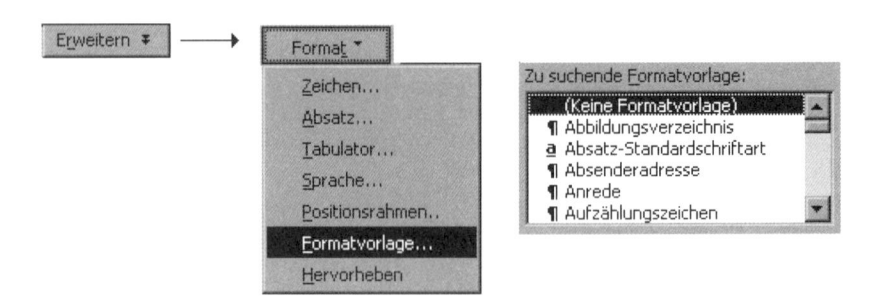

5) Sie kommen automatisch wieder zum Dialogfeld *Suchen und Ersetzen*. Klicken Sie auf ALLE ERSETZEN.

Word weist nun allen Überschriften in Ihrem Dokument die Formatvorlage *Überschrift1* zu. Das Format für alle Überschriften sollte nun Arial, 14 Punkt, fett sein. Es sei denn, Sie haben die in *Normal.dot* enthaltene Formatvorlage für *Überschrift1* irgendwann einmal geändert.

Warum Formatvorlagen verwenden?

Die Verwendung von Formatvorlagen zur Steuerung des Erscheinungsbildes eines Dokuments hat drei entscheidende Vorteile.

- Sie können einem ausgewählten Text auf diese Weise in einem Arbeitsschritt schnell ein Paket von Formatierungs- und Textpositionierungseinstellungen zuweisen.

- Wenn Sie die Einstellungen einer bestimmten Formatvorlage ändern, kann *Word* diese neuen Einstellungen automatisch auf alle Vorkommen dieses Formats innerhalb des gesamten Dokuments anwenden.

  Wenn Sie z.B. die Formatvorlage für *Überschrift1* von fett in kursiv ändern, so wird der gesamte Text im *Überschrift1*-Format von fett in kursiv geändert. Das ist natürlich wesentlich einfacher, als alle Überschriften einzeln manuell auszuwählen und zu ändern.

- Wenn Sie eine Dokumentenvorlage ändern, die als Grundlage eines Dokuments verwendet wird, so nimmt das Dokument die Einstellungen der neuen Dokumentenvorlage an.

Sie können also das Erscheinungsbild eines gesamten Dokuments verändern, indem Sie es mit einer anderen Dokumentenvorlage verknüpfen. In Übung 47 führen wir eine solche Änderung durch.

> **Formatvorlage**
>
> *Eine Sammlung von Formatierungs- und Positionierungseinstellungen, die in einem einzigen Arbeitsschritt auf einen ausgewählten Text angewendet werden. Formatvorlagen sind immer mit einzelnen Dokumentenvorlagen verbunden und können daher in verschiedenen Dokumentenvorlagen auch unterschiedliche Formatierungen haben.*

Übung 47: Einem Dokument eine andere Dokumentenvorlage zuweisen

1) Falls das Dokument, mit dem Sie in Übung 46 gearbeitet haben, nicht geöffnet ist, öffnen Sie es jetzt. Markieren Sie den gesamten Text des Dokuments und wählen Sie BEARBEITEN/KOPIEREN (oder STRG+c). Schließen Sie das Dokument.

2) Wählen Sie DATEI/NEU, um in das Dialogfeld *Neu* zu gelangen. Gehen Sie ins Register *Berichte*. Klicken Sie auf die Dokumentenvorlage *professioneller Bericht.dot* und klicken Sie dann auf OK.

3) *Word* öffnet ein neues Dokument auf der Grundlage von *professioneller Bericht.dot*.

   Das Dokument enthält Anweisungen, die Sie ignorieren können. Halten Sie die Steuerungstaste gedrückt und klicken Sie gleichzeitig in den linken Seitenrand, um den Inhalt des gesamten Dokuments auszuwählen. Drücken Sie auf die ENTF-Taste, um den Inhalt zu löschen.

   > **Internationaler Standard für Computer-Anwender**
   >
   > Sie kennen sich in manchen Anwendungen aus, aber es fällt Ihnen schwer, klar zu formulieren, welchen Kenntnisse Sie tatsächlich haben.
   > Auch sind Sie davon überzeugt, dass Sie Ihren Computer effizient nutzen können, aber Sie haben keine Möglichkeit das zu dokumentieren. In Stellenanzeigen ist oft von Computer Kenntnissen die Rede. Aber was bedeutet das eigentlich? Und wie können Sie sicher sein, diesen Anforderungen gerecht zu werden?

4) Wählen Sie BEARBEITEN/EINFÜGEN (oder STRG+v), um den kopierten Text aus der Zwischenablage einzufügen. Geben Sie dem neuen Dokument einen Namen und speichern Sie es.

Sie werden bemerken, dass der gesamte Text in Ihrem Dokument mit der Formatvorlage *Normal* und *Überschrift1* sein Erscheinungsbild ändert. Das liegt daran, dass dieser Text seine Formatvorlagen jetzt aus der Dokumentenvorlage *professioneller Bericht.dot* und nicht mehr aus *Normal.dot*, der ursprünglichen Dokumentenvorlage, bezieht.

Sie können das Dokument nun schließen.

Eine neue Dokumentenvorlage erstellen

Word bietet mehrere Möglichkeiten, um eine neue Dokumentenvorlage zu erstellen. Nachfolgend finden Sie die einfachste Möglichkeit beschrieben.

- Erstellen Sie ein Dokument, das über die Merkmale, die Sie in Ihre Dokumentenvorlage übernehmen möchten, verfügt. Das kann z.B. häufig verwendeter Text oder auch eine bestimmte Seitenrandeinstellung sein.
- Speichern Sie dieses Dokument auf dem Bildschirm nicht als Dokument, sondern als Dokumentenvorlage.

Wenn Sie nun über DATEI/NEU ein neues Dokument öffnen, wird künftig Ihre Dokumentenvorlage im Register *Allgemein* des Dialogfelds *Neu* erscheinen.

Übung 48 leitet Sie durch die einzelnen Schritte dieses Ablaufs.

Übung 48: Eine neue Dokumentenvorlage erstellen

1) Öffnen Sie ein neues Dokument und geben Sie Folgendes ein.

   Weisen Sie die folgenden Einstellungen zu:

   Papierformat: Verwenden Sie das Register *Papierformat* unter DATEI/SEITE EINRICHTEN, um die Ausrichtung von hoch in quer zu ändern.

   Überschrift: Zentrieren Sie die Überschrift und weisen Sie ihr *Times New Roman, 20* Punkt zu.

   Tabelle: Erstellen Sie eine Tabelle aus 2 Spalten und 9 Zeilen. Markieren Sie die Tabelle und führen Sie einen Rechtsklick aus. Im Kontextmenü wählen Sie TABELLENEIGENSCHAFTEN und dann das Register *Zeile*. Setzen Sie die Zeilenhöhe auf 2 cm.

2) Wählen Sie DATEI/SPEICHERN UNTER und speichern Sie das Dokument als Dokumentenvorlage ab.

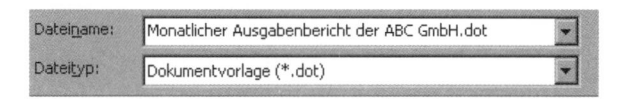

Dateiname:	Monatlicher Ausgabenbericht der ABC GmbH.dot
Dateityp:	Dokumentvorlage (*.dot)

3) Wählen Sie DATEI/SCHLIESSEN, um Ihre neue Dokumentenvorlage zu schließen.

4) Wählen Sie DATEI/NEU, UM IN DAS REGISTER *Allgemein* DES DIALOGFELDS *Neu* ZU GELANGEN. HIER FINDEN SIE NUN IHRE NEUE DOKUMENTENVORLAGE ALS ZUSÄTZLICHE OPTION. WÄHLEN SIE IHRE NEUE DOKUMENTENVORLAGE AUS UND KLICKEN SIE AUF OK.

Word erstellt ein neues Dokument auf der Grundlage Ihrer Dokumentenvorlage. Sie können die Dokumentenvorlage wieder schließen.

Formatvorlagen und Gliederungsansicht

Die Verwendung von Formatvorlagen in Ihren *Word*-Dokumenten bietet noch weitere Vorteile. Dokumente können so dargestellt werden, dass ihre Struktur erkennbar ist. Eine solch strukturierte Ansicht eines Dokuments wird Gliederungsansicht genannt.

Um in die Gliederungsansicht zu wechseln, wählen Sie ANSICHT/GLIEDERUNG. Die Gliederungsansicht eines Dokuments, das mit Formatvorlagen formatiert ist, sieht in etwa so aus.

- **Das·ist·Überschrift·1¶**
  - Das·ist·Textkörper·Standard¶
  - ***Das·ist·Überschrift·2¶***
    - Das·ist·Textkörper·Standard¶
- **Das·ist·Überschrift·1¶**
  - Das·ist·Textkörper·Standard¶

Im abgebildeten Beispiel sind drei Formatvorlagen zugewiesen. Überschrift1, Überschrift2 und Standard (Standard für den Textkörper).

Sie werden feststellen, dass *Word* den Text, der mit einer Formatvorlage belegt ist, je nach Wichtigkeit einrückt. Überschrift1 nimmt dabei die höchste Priorität ein.

Um von der Gliederungsansicht in eine andere Ansicht zu wechseln, wählen Sie ANSICHT und dann NORMAL oder SEITENLAYOUT. Die verschiedenen Ansichten werden im nächsten Abschnitt behandelt.

> **Gliederungsansicht**
>
> *Die Ansicht eines durch Formatvorlagen formatierten Dokuments. Die Gliederungsansicht zeigt die Struktur des Dokuments an, wobei Text mit niedrigerer Priorität nach rechts eingerückt dargestellt wird.*

Andere Ansichten

Die häufigste Art und Weise ein Dokument anzeigen zu lassen, ist *Normal* oder *Seiten-Layout*.

Normalansicht

Die Standardeinstellung in *Word* ist die Normalansicht für alle Dokumente. Diese Einstellung bietet die schnellste Ansicht zum Schreiben, Bearbeiten und Scrollen. Im Dokument enthaltene Grafiken und Auto-Formen werden in dieser Ansicht nicht angezeigt. Um in die Normalansicht zu wechseln, wählen SIE ANSICHT/NORMAL.

> **Normalansicht**
> *In dieser Ansicht wird nur der Text in einem Word-Dokument angezeigt.*

Seiten-Layout

Wenn Sie eine Grafik oder AutoForm in Ihr Dokument einfügen, wechselt *Word* automatisch in die Ansicht *Seiten-Layout*. Diese Ansicht ist notwendig, um Grafiken und Autoformen zu verändern, verlangsamt aber Aufgaben wie Schreiben, Bearbeiten und Scrollen. Um in die Ansicht *Seiten-Layout* zu wechseln, wählen SIE ANSICHT/SEITEN-LAYOUT.

Wenn Sie an einem umfangreichen Dokument arbeiten, das nur wenige Grafiken oder AutoFormen enthält, ist es sinnvoll, in die Normalansicht zu wechseln.

> **Ansicht Seiten-Layout**
> *In dieser Ansicht werden auch alle Grafiken und AutoFormen in einem Word-Dokument angezeigt.*

Sie können alle Dokumente schließen und *Microsoft Word* beenden. Hiermit ist die Lektion 5 des ECDL-Moduls Textverarbeitung abgeschlossen.

Zusammenfassung der Lektion: Das haben Sie gelernt

Unter Seriendruck versteht man die Zusammenführung eines Hauptdokuments (der Text, der in der Regel für alle Kopien gleich bleibt) und einer Datenquelle (Namen, Adressen und andere Details, die in jeder Kopie des Seriendrucks unterschiedlich sind).

Die Datenquelle kann in *Word*, in einer Tabellenkalkulation (*Excel*) oder in einem Datenbankprogramm (*Access*) erstellt werden. Egal, welchen Dateityp Sie verwenden, die Daten müssen in einer Tabelle angeordnet sein. In der obersten Zeile der Tabelle müssen die Titel der unterschiedlichen Kategorien der Information stehen, z.B. Anrede, Vorname, Zuname etc.

Die Seriendruckfelder in einem Brief geben an, welche Information aus der Datenquelle eingefügt werden soll und an welcher Stelle im fertigen Dokument sie erscheint.

Eine Vorlage kann als Muster für ein Dokument verwendet werden, indem man vorgefertigten Text und Grafiken, z.B. das Firmenlogo, vordefinierte Formatierungs- und Positionierungseinstellungen und ein bestimmtes Papierformat verwendet. Eine Vorlage kann auch als Schnittstellensteuerung fungieren. Dabei wird dann entschieden, auf welche Menüs, Befehle und Symbolleisten zugegriffen werden kann.

Wie ein normales Dokument, so ist auch eine Vorlage eine *Word*-Datei. Dokumente besitzen die Dateinamenerweiterung .doc, Vorlagen hingegen die Erweiterung .dot.

Jedes neue *Word*-Dokument wird automatisch auf der Grundlage der so genannten *Normal.dot* erstellt, es sei denn, Sie haben vorher etwas anderes eingestellt. *Word* bietet Ihnen auch Dokumentenvorlagen für bestimmte Arten von Dokumenten. Sie können außerdem neue Dokumentenvorlagen selbst erstellen oder die Dokumentenvorlage, auf der ein Dokument basiert, ändern.

Formatvorlagen, die mit einer Dokumentenvorlage verbunden sind, erlauben die Zuweisung mehrerer Formatierungs- und Positionierungseinstellungen auf einen ausgewählten Text in einem einzigen Arbeitsschritt.

In der Gliederungsansicht wird die Struktur eines Dokuments, das auf Formatvorlagen basiert, dargestellt. In der Normalansicht sehen Sie nur den Text eines Dokuments. In der Ansicht *Seiten-Layout* hingegen werden auch im Dokument enthaltene Grafiken und AutoFormen angezeigt.

Lektion 6: Dateiformate, Daten aus einer Tabellenkalkulation importieren

Zu dieser Lektion

In dieser Lektion erfahren Sie, dass *Word 2000*, wie alle anderen Anwendungen auch, ein bestimmtes Dateiformat verwendet. Weiterhin lernen Sie, wie Sie Ihren Dokumenten ein anderes als das *Word-2000*-Format geben, so dass diese Dateien auch von Leuten, die mit anderen Anwendungen als *Word 2000* arbeiten, geöffnet und gelesen werden können.

Das Kopieren und Einfügen innerhalb und zwischen *Word*-Dokumenten haben wir schon in einer früheren Lektion dieses Moduls beschrieben. Diese Lektion geht jedoch noch einen Schritt weiter. Sie zeigt Ihnen, wie man Daten aus einer Tabellenkalkulation in ein Textverarbeitungsprogramm verschieben kann. Sie werden sehen, dass man Daten auf zwei Arten verschieben kann: Einfügen und Einbetten.

Neue Fähigkeiten

Am Ende dieser Lektion sollten Sie in der Lage sein,

- *Word-2000*-Dokumente unter den folgenden Formaten abzuspeichern: niedrigere Versionen von *Word*, RTF, WordPerfect, nur Text und HTML,
- den Unterschied zwischen Einfügen und Einbetten von Daten aus einem Tabellenkalkulationsprogramm in *Word* zu erklären,
- Daten aus einer Tabellenkalkulation in *Word* einzufügen,
- Daten aus einer Tabellenkalkulation in *Word* einzubinden.

Neue Wörter

Am Ende dieser Lektion sollten Sie in der Lage sein, folgende Begriffe zu erklären:

- Dateiformat

Dateiformate

In Lektion 2 sind Sie dem Begriff Format schon einmal begegnet. Dort bezog sich der Begriff auf das Erscheinungsbild von Text in einem *Word*-Dokument – kursiv, Farbe, Aufzählungszeichen etc. Wenn der Begriff Format jedoch in Verbindung mit dem Wort Datei verwendet wird, hat er eine andere Bedeutung.

Im Modul 1 des ECDL haben Sie gelernt, dass Information, die auf Ihrem Computer gespeichert ist, einzig und allein aus zwei Zeichen besteht: 1 und 0. Das wiederum wirft zwei Fragen auf:

- Wie werden diese 1s und 0s in Text und Grafik auf Ihrem Bildschirm umgewandelt, wenn Sie eine Datei öffnen?

- Wie werden Text und Grafik auf Ihrem Bildschirm wieder in 1en und 0en zurückverwandelt, wenn Sie die Datei schließen?

Die Antwort ist recht einfach. Die Entwickler von Programmen wenden bestimmte Regeln bei der Umformung zwischen 1en und 0en und dargestelltem Text bzw. der dargestellten Grafik an. Ein solches Regelpaket wird Dateiformat genannt.

> **Dateiformat**
>
> *Ein Regelpaket, dass 1en und 0en in Text und Grafik auf dem Bildschirm umwandelt und umgekehrt.*

Bei einer *Word*-Datei spricht man vom *Word*-Format, bei einer *Excel*-Datei vom *Excel*-Format etc.

Verschiedene Anwendungen, verschiedene Dateiformate

Verschiedene Software-Hersteller verwenden auch verschiedene Regelpakete, um 1en und 0en in Text und Grafik auf dem Bildschirm umzuwandeln.

Sogar verschiedene Versionen ein und desselben Programms können unterschiedliche Dateiformate verwenden. So war z.B. das Dateiformat von *Word 97* anders, als das der zwei vorherigen *Word*-Versionen.

Wie Sie sich vorstellen können, kann es bei verschiedenen Dateiformaten zu Schwierigkeiten kommen.

- In einem Dateiformat kann 10101010 z.B. in *w*, Arial, 12 Punkt, kursiv, 5 cm vom linken Seitenrand entfernt umgewandelt werden.
- In einem anderen Dateiformat werden die gleichen Zeichen 10101010 vielleicht in eine dicke, blaue Linie am rechten Seitenrand umgewandelt.

Dateinamenerweiterung

Das Format einer Datei wird durch die Dateinamenerweiterung eines Dateinamens, das sind drei Buchstaben, angezeigt. Diese Erweiterung wird automatisch vom Programm angehängt, sobald die Datei gespeichert wird.

Die Dateinamenerweiterung .doc weist z.B. auf eine *Word*-Datei hin, die Erweiterung .xls auf eine *Excel*-Datei. Wenn Sie schon einmal mit Grafikprogrammen gearbeitet haben, werden Ihnen Erweiterungen wie .bmp, .gif und .jpg nicht unbekannt sein.

Das verwendete Format von Seiten im World Wide Web ist HTML. Diese Abkürzung steht für HyperText Markup Language. Die Erweiterung von HTML-Dateien ist üblicherweise .htm.

Mögliche Dateiformate bei Word	Unter *Word 2000* können Sie Ihre Dokumente auch unter einem anderen Dateityp außer dem *Word*-Format abspeichern. Diese Möglichkeit kann sehr hilfreich sein, wenn Sie Ihr Dokument für jemanden abspeichern möchten, der mit einem anderen Textverarbeitungsprogramm als *Word 2000* arbeitet.

Sie können sich die verschiedenen Dateiformate, die Ihnen in *Word 2000 zum* Speichern zur Verfügung stehen, anzeigen lassen.

- Öffnen Sie ein Dokument.
- Wählen Sie DATEI/SPEICHERN unter.
- Klicken Sie auf den Pfeil, der sich neben dem Feld *Dateityp* befindet. Eine Dropdown-Liste wird angezeigt.

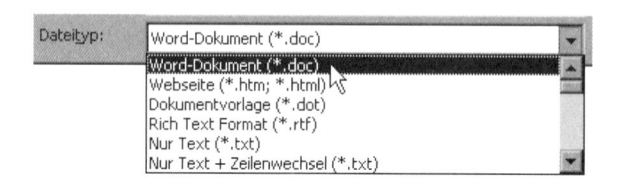

Dateityp: Word-Dokument (*.doc)
Word-Dokument (*.doc)
Webseite (*.htm; *.html)
Dokumentvorlage (*.dot)
Rich Text Format (*.rtf)
Nur Text (*.txt)
Nur Text + Zeilenwechsel (*.txt)

Nur einige der angezeigten Formate sind für dieses ECDL-Modul Textverarbeitung von Bedeutung.

Frühere Word-Versionen	Um Ihr *Word-2000*-Dokument in einem früheren *Word*-Format zu speichern, wählen Sie entweder *Word 97-2000&6.0/95 RTF* oder *Word 2.x für Windows*. Beide Formate haben die gleiche Dateinamenerweiterung wie *Word 2000* (.doc).

Wenn Sie Dateien unter einem früheren *Word*-Format abspeichern, können Formatierungen verloren gehen.

Rich-Text-Format	Hierbei handelt es sich um das gemeinsame Format aller *Microsoft-Office*-Anwendungen, einschließlich *Word*. Ein *Word-2000*-Dokument, das unter diesem Dateiformat abgespeichert wird, sieht genauso aus wie ein Dokument, das als *Word-2000*-Datei abgespeichert wird. Die angehängte Dateinamenerweiterung ist .rtf.

WordPerfect-Format	Wählen Sie dieses Dateiformat zur Speicherung Ihres Dokuments, damit es in *WordPerfect*, einer anderen Textverarbeitung, geöffnet und gelesen werden kann. Unter den verschiedenen Möglichkeiten für WordPerfect ist das Format *WordPerfect 5.x für Windows* das am häufigsten verwendete.

Das Umwandeln einer *Word-2000*-Datei in eine *WordPerfect*-Datei kann zu Verlusten bei der Formatierung führen. Die Dateinamenerweiterung für WordPerfect für Windows ist auch .doc.

Nur-Text-Format Wie schon der Name verrät, speichert dieses Format nur den Text einer Datei. Jegliche Textformatierungen (wie fett oder kursiv) oder im *Word-2000*-Dokument enthaltene Grafik geht verloren. Die angefügte Dateinamenerweiterung ist .txt. Dieses Format wird auch als *ASCII*-Format bezeichnet.

Nur zwei der unter *Word* genannten Nur-Text-Formate sind wichtig:

- **Nur-Text:** Jeder Absatz im Original-*Word*-Dokument wird zu einer einzigen Zeile im Nur-Text-Dokument. Dabei kommt es oft zu unendlich langen Zeilen, die man nur durch horizontales Scrollen lesen kann.

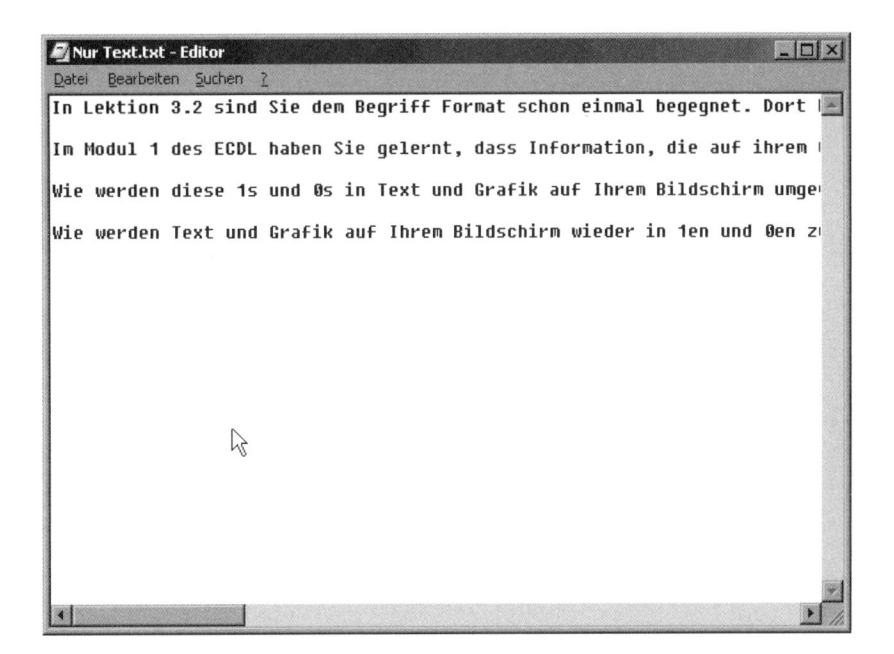

```
Nur Text.txt - Editor
Datei  Bearbeiten  Suchen  ?
In Lektion 3.2 sind Sie dem Begriff Format schon einmal begegnet. Dort
Im Modul 1 des ECDL haben Sie gelernt, dass Information, die auf ihrem
Wie werden diese 1s und 0s in Text und Grafik auf Ihrem Bildschirm umge
Wie werden Text und Grafik auf Ihrem Bildschirm wieder in 1en und 0en z
```

- **Nur-Text + Zeilenwechsel:** Überall da, wo im Original-*Word*-Dokument eine Zeile zu Ende ist, wird eine Absatzmarke eingefügt. Dadurch wird jede Zeile des Originaldokuments zu einem separaten Absatz in der Nur-Text-Datei.

Der Vorteil dieses Formats liegt darin, dass der Zeilenfall der Originaldatei erhalten bleibt, so dass der Text auf dem Bildschirm einfacher zu lesen ist.

Der Nachteil dieses Formats liegt darin, dass die Nur-Text-Datei viel mehr Absatzmarken als die Originaldatei enthält. Dadurch kann das Bearbeiten eines solchen Textes zur lästigen Arbeit werden.

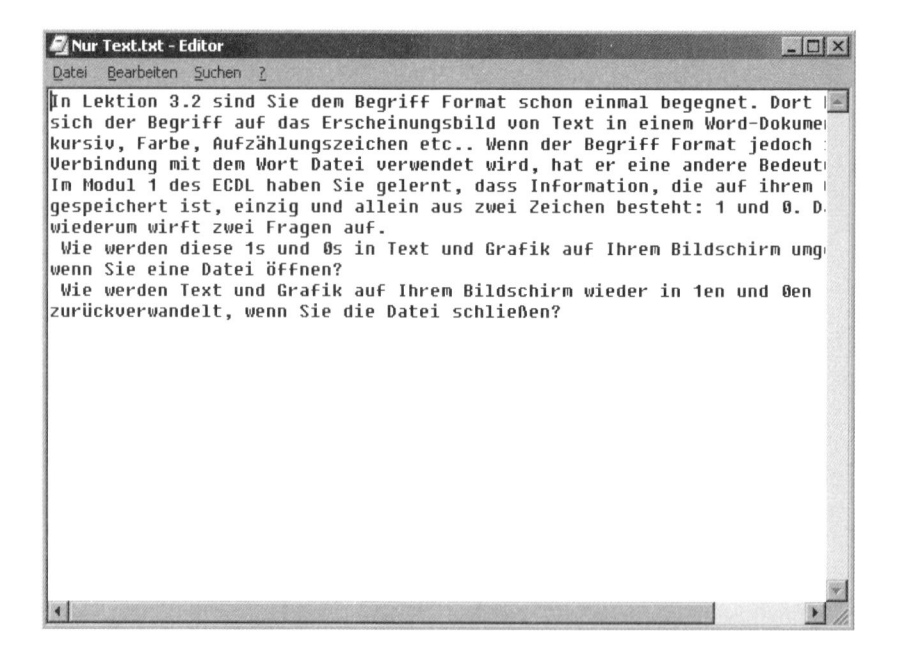

[Screenshot: Nur Text.txt - Editor]

Da das Nur-Text-Format ein unkompliziertes Grundformat ist, können alle Dateien in diesem Format von fast allen Anwendungen auf praktisch jedem Computer geöffnet und korrekt gelesen werden. Nur-Text ist das am häufigsten verwendete Format für elektronische Nachrichten im Internet.

HTML (Web)-Format

Webseiten werden im HTML-Format erstellt. Die Dateinamenerweiterung dieses Formats ist *.htm* (oder manchmal *.html*).

Sie können ein *Word-2000*-Dokument auf zwei Arten als HTML-Datei speichern.

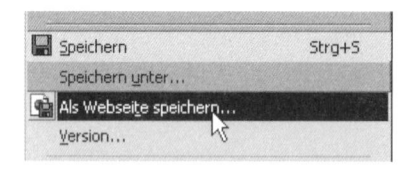

[Screenshot: Menü mit "Als Webseite speichern..." hervorgehoben]

- Wählen Sie DATEI/ALS WEBSEITE SPEICHERN.

  -oder-

- Wählen Sie DATEI/SPEICHERN UNTER und dann die HTML-Option aus.

Sie können Dateien im HTML-Format mit einem Web-Browser wie *Microsoft Internet Explorer* oder *Netscape* anzeigen lassen und drucken.

Tabellendaten einfügen oder einbetten

Microsoft-Office-Anwendungen (und die meisten anderen Windows-Anwendungen) ermöglichen einen Datentransfer untereinander. Für dieses ECDL-Modul brauchen Sie nur zu wissen, wie man Daten (Text und Zahlen) aus dem Tabellenkalkulationsprogramm *Excel* in

Word einfügt. In *Excel* werden Zahlen und Text in kleinen Kästchen, so genannten Zellen, gespeichert.

Um Informationen von *Excel* in *Word* zu übermitteln, führen Sie die folgenden Schritte aus.

- Öffnen Sie die *Excel*-Datei und markieren Sie die gewünschten Zellen.
- Kopieren Sie die markierten *Excel*-Zellen in die Zwischenablage.
- Öffnen Sie die *Word*-Datei und fügen Sie die Excel-Zellen in *Word* ein.

Spezielle Optionen zum Einfügen

Zum Einfügen von Excel-Zellen in *Word* wird der Befehl BEARBEITEN/ INHALTE EINFÜGEN verwendet.

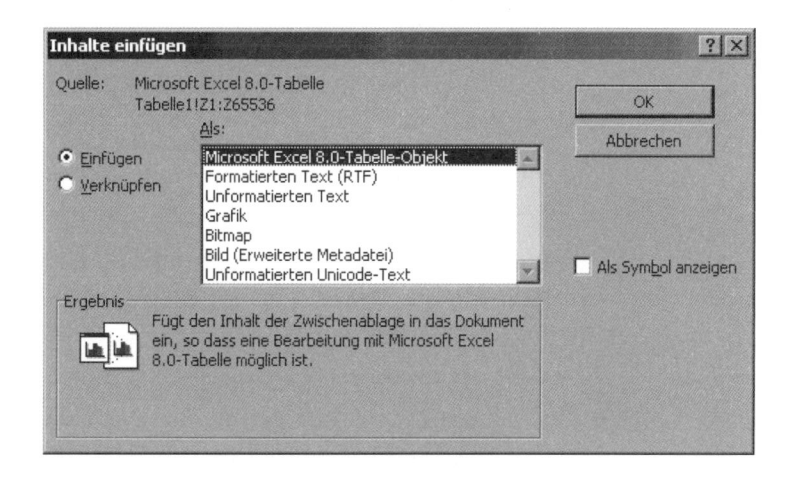

Das Dialogfeld *Inhalte einfügen* bietet folgende Möglichkeiten.

- **Einfügen oder Verknüpfen:** Belassen Sie es hier bei der Standardeinstellung *Einfügen*.
- **Über den Text legen / Als Symbol:** Behalten Sie hier die Standardeinstellung *Über den Text legen* bei.
- **Als:** Hier stehen unter anderem zwei wichtige Optionen zur Wahl: *Formatierter Text (RTF)* und *Microsoft Excel Arbeitsblatt-Objekt*. Diese Begriffe werden im nächsten Abschnitt erklärt.

Daten aus Excel einfügen

Wenn Sie zum Einfügen die Option *Formatierter Text (RTF)* verwenden, haben die eingefügten Tabellendaten folgende Merkmale:

- Die Daten werden voll in *Word* integriert.
- Die Daten werden als *Word*-Tabelle ausgegeben.
- Die Daten können in *Word* bearbeitet werden.

Excel-Daten auf diese Art in ein *Word*-Dokument einzufügen, ähnelt dem Einfügen von Daten aus einem anderen *Word*-Dokument.

Daten aus Excel einbetten

Wenn Sie zum Einfügen die Option *Microsoft Excel Arbeitsblatt-Objekt* verwenden, haben die eingefügten Tabellendaten folgende Merkmale:

- Die Datentabelle wird im *Word*-Dokument positioniert, bleibt aber ein Teil von *Excel*.
- Die Datentabelle verhält sich wie eine eingefügte Grafik. Sie kann durch Markieren und Ziehen verschoben und in ihrer Größe verändert werden.
- Die Datentabelle kann nicht in *Word* bearbeitet werden.

Wenn Sie versuchen, die Daten der Tabelle in *Word* zu verändern (eine Zahl ändern oder einen anderen Rahmen zuweisen möchten), verschwinden die *Word*-Menüs und *Word*-Symbolleisten auf Ihrem Bildschirm und werden durch *Excel*-Menüs und *Excel*-Symbolleisten ersetzt. Diese Art, Daten einzufügen, schließt die Funktionen des Programms ein, in dem die Daten erstellt wurden. Man nennt dies *Einbetten*.

Die folgenden vier Übungen zeigen Ihnen, wie man Daten aus *Excel* in *Word* einfügt bzw. einbettet.

In Übung 49 erstellen Sie zwei identische Kopien eines *Word*-Dokuments. In Übung 50 erstellen Sie die *Excel*-Daten, die Sie in *Word* einfügen möchten. In den Übungen 51 und 52 fügen bzw. betten Sie die *Excel*-Daten in zwei *Word*-Dokumente ein.

Übung 49: Ein Word-Dokument erstellen, in das Sie Daten einfügen bzw. einbetten können

1) Öffnen Sie *Word* und erstellen Sie ein neues Dokument.
2) Schreiben Sie *Verkaufszahlen erstes Quartal* und drücken Sie zweimal die Eingabetaste.
3) Markieren Sie den Text und weisen Sie ihm das Format *Arial, fett, 22* Punkt, *zentriert* zu.
4) Schreiben Sie *Glückwunsch an alle* und drücken Sie dreimal die Eingabetaste.
5) Markieren Sie den Text, den Sie in Schritt 4 geschrieben haben, und weisen Sie ihm das Format *Times New Roman, Standard, kursiv, 24* Punkt, *zentriert* zu. Ihr Dokument sollte nun so aussehen.

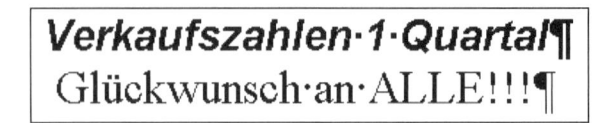

Verkaufszahlen·1·Quartal¶
Glückwunsch·an·ALLE!!!¶

6) Geben Sie dem Dokument einen Namen, z.B. *BMverkaufszahlen.doc* und speichern Sie es ab.

7) Wählen Sie DATEI/SPEICHERN UNTER, um Ihr Dokument noch einmal unter einem anderen Namen zu speichern. Nennen Sie es *BMverkaufszahlen2.doc*.

8) Wählen Sie DATEI/ÖFFNEN, um Ihr zuerst gespeichertes Dokument wieder zu öffnen.

Sie haben nun zwei verschiedene *Word*-Dokumente mit identischem Inhalt auf Ihrem Bildschirm geöffnet.

Übung 50: Eine Datenquelle in Excel erstellen

1) Wählen Sie START/PROGRAMME/MICROSOFT EXCEL, um eine neue *Excel*-Datei auf dem Bildschirm zu öffnen.

2) Klicken Sie in Zelle C3, schreiben Sie *Januar* und drücken Sie die Eingabetaste.

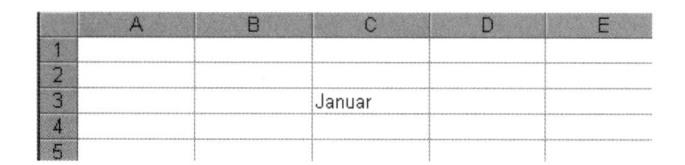

	A	B	C	D	E
1					
2					
3			Januar		
4					
5					

3) Füllen Sie die weiteren Zellen gemäß der Abbildung mit dem Text und Zahlen.

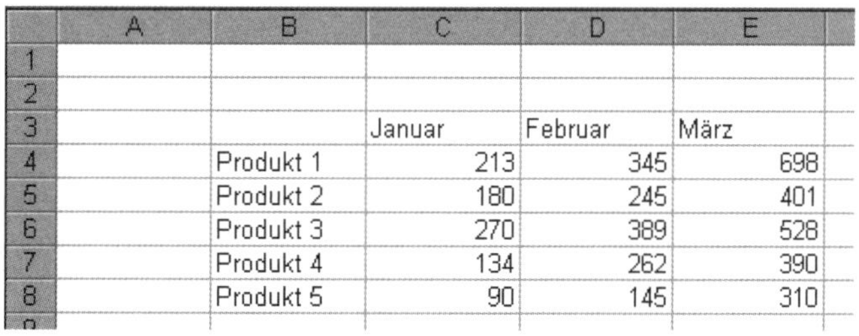

	A	B	C	D	E
1					
2					
3			Januar	Februar	März
4		Produkt 1	213	345	698
5		Produkt 2	180	245	401
6		Produkt 3	270	389	528
7		Produkt 4	134	262	390
8		Produkt 5	90	145	310

4) Wenn Sie fertig sind, speichern Sie die *Excel*-Datei. Als Namen verwenden Sie z.B. *BM Verkaufszahlen.xls*. Lassen Sie die *Excel*-Datei auf dem Bildschirm geöffnet.

5) Klicken Sie auf die Zelle B3 und halten Sie die Maustaste gedrückt. Ziehen Sie die Maus nach rechts unten bis zu Zelle E8.

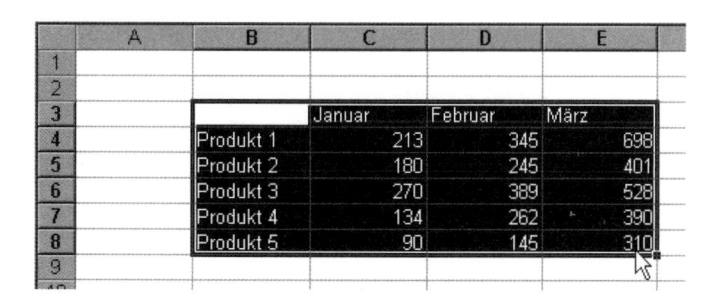

	A	B	C	D	E
1					
2					
3			Januar	Februar	März
4		Produkt 1	213	345	698
5		Produkt 2	180	245	401
6		Produkt 3	270	389	528
7		Produkt 4	134	262	390
8		Produkt 5	90	145	310
9					

6) Wählen Sie BEARBEITEN/KOPIEREN, um den markierten Zellbereich in die Zwischenablage zu kopieren.

Sie können die *Excel*-Datei jetzt schließen. Zum Ausführen der Übung 51 muss das *Excel*-Programm jedoch geöffnet bleiben.

Übung 51: Das Einbetten der Excel-Daten in Word

1) Wählen Sie über FENSTER/<DOKUMENTENNAME> die erste gespeicherte *Word*-Datei aus (in diesem Fall *BMverkaufszahlen.doc*) und klicken Sie auf die letzte Absatzmarke im Dokument.

2) Wählen Sie BEARBEITEN/INHALTE EINFÜGEN, dann die Option *Microsoft Excel Arbeitsblatt-Objekt* und klicken Sie auf OK.

3) Klicken Sie auf den Anfasspunkt rechts unter den eingefügten Daten und ziehen Sie so lange, bis die Daten gleichmäßig zwischen dem rechten und linken Rand positioniert sind. Ihr *Word*-Dokument sollte nun so aussehen:

Verkaufszahlen 1 Quartal¶
Glückwunsch an ALLE!!!¶

	Januar	Februar	März
Produkt 1	213	345	698
Produkt 2	180	245	401
Produkt 3	270	389	528
Produkt 4	134	262	390
Produkt 5	90	145	310

Sie können einen eingebetteten Datenbereich genauso bearbeiten wie Grafik, also auswählen, verschieben und die Größe verändern. Sie können die Daten jedoch nicht bearbeiten, zumindest nicht in *Word*.

Um eingebettete Daten in irgendeiner Weise zu verändern – Zahlen bearbeiten, Zeilen löschen oder farbige Rahmen hinzufügen – müssen Sie zuerst einen Doppelklick auf die Daten ausführen. Dadurch werden die *Word*-Menüs und -Symbolleisten durch die von *Excel* ersetzt. Versuchen Sie es einmal und sehen Sie selbst. Ihr Bildschirm sollte wie in der Abbildung aussehen.

Verkaufszahlen 1 Quartal¶

	B	C	D	E
3		Januar	Februar	März
4	Produkt 1	213	345	698
5	Produkt 2	180	245	401
6	Produkt 3	270	389	528
7	Produkt 4	134	262	390
8	Produkt 5	90	145	310

Tabelle1 / Tabelle2 / Tabelle3

Um zu *Word* zurückzukehren, klicken Sie einfach irgendwo im *Word*-Dokument, außerhalb der Tabelle. Speichern Sie Ihr Dokument.

Sie können *Excel* jetzt schließen. Für Übung 52 muss es nicht geöffnet sein.

Übung 52: Excel-Daten in Word einfügen

1) Gehen Sie über FENSTER/<DOKUMENTENNAME>, um das zweite Dokument, das Sie gespeichert haben (in diesem Fall Bmverkaufszahlen2.doc) anzuzeigen. Setzen Sie den Cursor an die letzte Absatzmarke im Dokument.

2) Wählen Sie BEARBEITEN/INHALTE EINFÜGEN, dann die Option *Formatierten Text (RTF)* und klicken Sie auf OK.

   (Diese Option steht zur Verfügung, unabhängig davon, ob *Excel* geöffnet ist oder nicht.)

   Die *Excel*-Daten werden aus der Zwischenablage in das *Word*-Dokument eingefügt. Die Zellen der Tabelle haben die Form einer *Word*-Tabelle.

3) Klicken Sie irgendwo in die Tabelle, wählen Sie TABELLE/AUTOFORMAT und dann die Option *Standard 2*. Klicken Sie auf OK.

4) Ziehen Sie den rechten vertikalen Rand der letzten Spalte, bis die Tabelle gleichmäßig zwischen dem rechten und linken Seitenrand ausgerichtet ist.

5) Klicken Sie mit der rechten Maustaste in die Tabelle. Wählen Sie aus dem Kontextmenü SPALTEN GLEICHMÄSSIG VERTEILEN.

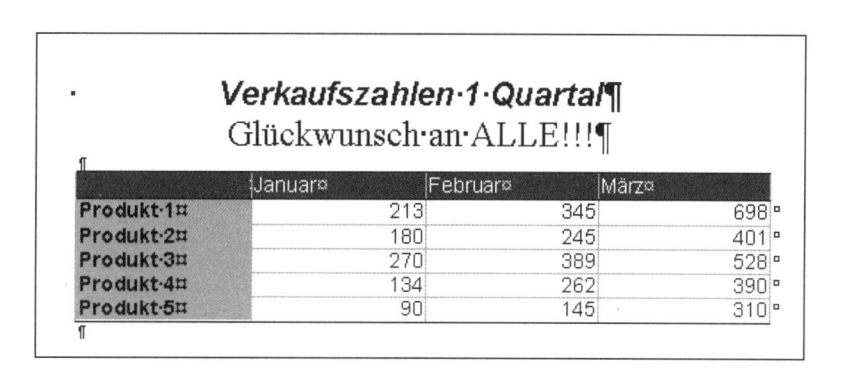

	Januar	Februar	März
Produkt 1	213	345	698
Produkt 2	180	245	401
Produkt 3	270	389	528
Produkt 4	134	262	390
Produkt 5	90	145	310

Verkaufszahlen 1. Quartal
Glückwunsch an ALLE!!!

6) Setzen Sie den Cursor irgendwo in die Tabelle und wählen Sie TABELLE/MARKIEREN/TABELLE. Ändern Sie dann über die Formatsymbolleiste die Schriftgröße in 14 Punkt.

   Ihre *Word*-Tabelle sollte nun so aussehen.

7) Speichern Sie Ihr *Word*-Dokument. Sie haben die Übungen zum Einbetten und Einfügen beendet und können beide *Word*-Dokumente schließen.

Sie haben die letzte Lektion des ECDL-Moduls Textverarbeitung abgeschlossen. Herzlichen Glückwunsch!

Zusammenfassung der Lektion: Das haben Sie gelernt

Ein Dateiformat ist eine Art Regelpaket, das die Umrechnung von 1en und 0en ermöglicht, die von einem Computer verwendet werden, um Information und die Texte und Grafiken, die auf dem Bildschirm ausgegeben werden, zu speichern. Verschiedene Anwendungen, ja sogar verschiedene Versionen einer gleichen Anwendung, können unterschiedliche, nicht kompatible Dateiformate verwenden.

Um es zu ermöglichen, dass Sie Ihre Dateien auch anderen zugänglich machen, können Sie Ihre Dateien unter *Word* auch unter einem anderen als dem eigentlichen *Word-2000*-Format abspeichern. Zu diesen zusätzlichen Formaten zählen: frühere Versionen von *Microsoft Word*, *RTF* (das gemeinsame *Office*-Dateiformat), *WordPerfect* (ein anderes Textverarbeitungsprogramm) und HTML (das Dateiformat für Webseiten).

Sie können ein *Word*-Dokument aber auch als Nur-Text-Datei speichern. Dieses Format kann von praktisch allen Anwendungen an jedem Computer geöffnet und korrekt gelesen werden. Es ist jedoch zu beachten, dass die gesamte Formatierung und auch Grafiken in einem *Word*-Dokument verloren gehen.

Tabellendaten aus *Excel* können auf zwei Arten in *Word* eingefügt werden: durch Einfügen und Einbetten.

Eingefügte Daten werden gänzlich in das *Word*-Dokument integriert. Die Daten werden als *Word*-Tabelle wiedergegeben und können daher auch in *Word* bearbeitet werden. Daten auf diese Weise in *Word* einzufügen, kommt dem Kopieren und Einfügen zwischen verschiedenen *Word*-Dokumenten gleich.

Eingebettete Tabellendaten bleiben, auch wenn sie in einem *Word*-Dokument positioniert sind, Teil von *Excel*. Die Tabelle verhält sich wie eine importierte Grafik und kann in *Word* nicht bearbeitet werden. Wenn Sie versuchen, die Tabellendaten zu ändern, werden *Word*-Menüs und *Word*-Symbolleisten durch die von *Excel* ersetzt. Eingebettete Daten werden von den Funktionen der Anwendung, in der sie erstellt wurden, begleitet.

Anhang

Operationen in Windows-Anwendungen ausführen

Menüleisten, Symbolleisten und Tastenkombinationen

Um in einer Windows-Anwendung eine Operation auszuführen, stehen Ihnen drei Wege zur Verfügung: Menübefehle, Schaltflächen und Tastenkombinationen. Für welche Möglichkeit Sie sich entscheiden, hängt von Ihrer persönlichen Arbeitsweise ab.

Die Menüleisten

Starten Sie das Programm *MS Word für Windows*. Sehen Sie sich die Wörter in der Leiste unterhalb der Titelleiste einmal genauer an. Jedes dieser Wörter repräsentiert ein *Pulldown-Menü*.

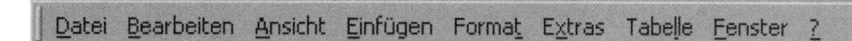

| Datei Bearbeiten Ansicht Einfügen Format Extras Tabelle Fenster ? |

Words Menüleiste

Klicken Sie auf DATEI. Die verfügbaren Befehle werden im Menü angezeigt. Sie teilen Word mit, welche Handlung Sie gern ausführen möchten, indem Sie auf den entsprechenden Befehl im Pulldown-Menü klicken. Wenn Sie im Menü auf BEENDEN gehen, wird Word geschlossen.

> **Pulldown-Menü**
>
> *Eine Liste mit Optionen, die eingeblendet wird, wenn Sie oben auf ein Menü klicken. In der Regel befindet sich der Menüname in einer Menüleiste am oberen Rand des Fensters. Das Menü erscheint unterhalb der Menüleiste, so als würden Sie es herunterziehen.*

Wenn rechts neben einem Menübefehl ein Pfeil sichtbar ist, so wird Ihnen, bei Auswahl dieser Option noch ein weiteres Untermenü mit Optionen angezeigt.

Einige Menüs sind in allen *Windows*-Anwendungen gleich. Wenn Sie den Sinn und Zweck dieser Menüs verstehen, sind Sie in der Lage, die meisten Anwendungen zu benutzen. Die folgenden Menüs finden Sie in fast allen Anwendungen:

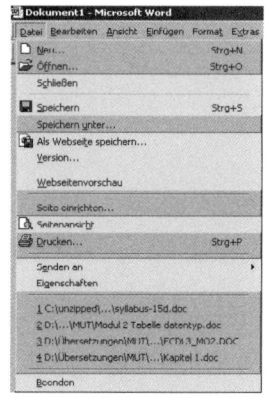

Words Pulldown Menü Datei

- **Datei:** Die Befehle in diesem Menü werden dazu verwendet, neue Dateien zu erstellen, schon existierende Dateien zu öffnen, die aktuelle Datei zu speichern, die aktuelle Datei unter einem anderen Namen abzuspeichern (Speichern unter), die aktuelle Datei zu drucken und die Anwendung zu beenden.
- **Bearbeiten:** Die Befehle in diesem Menü werden dazu verwendet, ausgewählte Dateien oder Elemente (Text oder Grafik) zu kopieren und zu verschieben.
- **Ansicht:** Die Befehle in diesem Menü werden dazu verwendet, Dateien auf verschiedene Arten anzuzeigen, einschließlich einer Zoom-Funktion.
- **Hilfe:** Die Befehle in diesem Menü werden dazu verwendet, Informationen der *Online-Hilfe der jeweils aktiven Anwendung anzuzeigen.*

Die Symbolleisten

Die zweite Methode, Handlungen auszuführen, führt über eine Schaltfläche auf der *Symbolleiste*. Statt z.B. DATEI/SPEICHERN zu wählen, klicken Sie einfach auf die Schaltfläche SPEICHERN in der *Symbolleiste*. Nicht von jedem Menübefehl gibt es eine Entsprechung als Schaltfläche, aber von den gebräuchlichsten.

Symbolleiste

Eine Ansammlung von Schaltflächen in einer Leiste, auf die Sie klicken können, um häufig gebrauchte Aktionen wie z.B. das Erstellen, Öffnen und Speichern einer Datei auszuführen, und für Operationen, die über die Zwischenablage laufen.

Die folgende Abbildung zeigt die Schaltflächen, die Sie bei den meisten *Windows*-Anwendungen vorfinden.

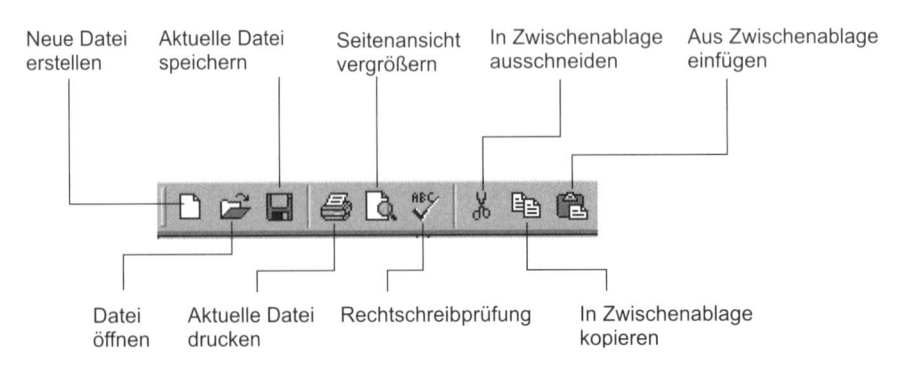

Tastenkombinationen

Die dritte Art, Aktionen unter *Windows* auszuführen, ist die Benutzung bestimmter Tastenkombinationen. Möglicherweise ist diese Art der Bedienung für Sie schneller als die Verwendung der Menüpunkte oder Schaltflächen der Symbolleiste, da beide Hände auf der Tatstatur bleiben.

Ein Beispiel für eine Tastenkombination ist STRG+C. Das bedeutet im Klartext: Halten Sie die *Steuerungstaste* gedrückt und drücken Sie die Buchstabentaste c. Das Ergebnis ist das Gleiche wie bei BEARBEITEN/ KOPIEREN oder das Klicken auf die Schaltfläche KOPIEREN.

Folgende Tabelle zeigt die gebräuchlichsten Tastenkombinationen:

Tastenkombination	Aktion	Menübefehl
Strg+o	Bestehende Datei wird geöffnet	DATEI/ÖFFNEN
Strg+n	Neue Datei	DATEI/NEU
Strg+s	Aktuelle Datei speichern	DATEI/SPEICHERN
Strg+c	Kopieren in die Zwischenablage	BEARBEITEN/KOPIEREN
Strg+x	Ausschneiden in die Zwischenablage	BEARBEITEN/AUSSCHNEIDEN
Strg+v	Einfügen aus der Zwischenablage	BEARBEITEN/EINFÜGEN

Zusammenfassung der Lektion: Das haben Sie gelernt

Ein *Pulldown-Menü* ist eine Liste von Optionen, die angezeigt wird, wenn Sie auf einen Menünamen in der Menüleiste klicken. Ein Pfeil rechts neben einer ausgewählten Option bedeutet, dass es zusätzlich noch ein *Untermenü* mit weiteren Optionen gibt. Sie teilen *Word* mit, dass Sie eine bestimmte Aktion ausführen möchten, indem Sie die entsprechende Menüoption im *Pulldown-Menü* anklicken.

Die zweite Möglichkeit, eine Aktion auszuführen, führt über die Schaltflächen der Symbolleiste. Die meisten Anwendungen verfügen über Schaltflächen zum ERSTELLEN, ÖFFNEN und SPEICHERN von Dateien und für Operationen in Verbindung mit der Zwischenablage.

Die dritte Möglichkeit ist die der Tastenkombination. Dabei halten Sie die STRG-Taste in Verbindung mit einer bestimmten Buchstabentaste gedrückt. Beispiele für solche Tastenkombinationen sind STRG+C, um in die Zwischenablage zu kopieren, und STRG+V, um aus der Zwischenablage heraus einzufügen.

Index

A
Absatzabstände *47*
Absatzmarke *11*
    einfügen *13*
Adobe Photoshop *78*
Alle ersetzen *51*
Aufzählung *31*
    Liste mit Aufzählungszeichen *31*
    nummerierte Liste *31*
Ausrichten *31*
AutoForm *72, 80*
Autorenname *59*

C
ClipArt *78*
Cursor *11*

D
Dateiformat *106*
Dateinamenerweiterung *107*
Datenquelle *88*
    anschauen *93*
    in Excel erstellen *113*
    vorbereiten *89*
Datentransfer *110*
Datum einfügen *16*
Dokument *11*
    auf Diskette speichern *41*
    erstellen *19*
    formatiert *30*
    öffnen *20*
    schließen *20*
    speichern *19*
    umfangreich *45*
Dokumentendatei *97*
Dokumentenvorlage *96*
    erstellen *102*
    Normal.dot *98*
Druckbereich festlegen *64*
Druckoption *63*

E
Einfügemarke *11*
Eingabetaste *13*
Einzug *30*
Entf-Taste *14*
Ersetzen *51*
Erstelldatum *59*
Erstzeileneinzug *48*
Excel-Arbeitsblatt-Objekt *112*

F
Format übertragen *42*
Formatierung kopieren *42*
Formatsymbolleiste *18*
Formatvorlage *100*
Fußzeile *55*

G
Gliederungsansicht *103*
Grafik *78*
    ändern *79*
    einfügen *78*
    importieren *78*
    kopieren *78*
    verschieben *79*
Grammatikprüfung *63*

H
Hängender Einzug *49*
Hauptdokument *87*
    vorbereiten *88*
Hochgestellt *36*
HTML *107*

K
Kopfzeile *55*
    erstellen *56*
    formatieren *57*

L

Lineal *77*
Linienart *37*

M

manueller Seitenwechsel *61*
manueller Zeilenwechsel *61*
Menü *118*
    Ansicht *118*
    bearbeiten *118*
    Datei *118*
    Hilfe *118*
Menüleiste *117*

N

nichtdruckbare Zeichen *17*
Normalansicht *104*
Nur-Text-Format *109*

O

Onlinehilfe *20*
    im Dialogfeld *21*
    verwenden *21*

P

Paint Shop Pro *78*
Papierformat *55*
    A4 *55*
Pfeiltaste *14*
Pulldown-Menü *117*

R

Rahmen *37*
Rechtschreibprüfung *61*
    automatisch *61*
Rich Text Format *108*
RTF *111*
Rückgängig *18*
Rücktaste *14*

S

Schaltfläche *18*
    entfernen *65*
    hinzufügen *65*
Schattierung *37*
Schrift
    fett *27*
    kursiv *27*
    unterstrichen *27*
Schriftabstand *37*
Schriftart *34*
Schrifteffekt *36*
Schrifteigenschaft *35*
Schriftfarbe *36*
Schriftgröße *35*
Schriftschnitt *35*
Seite einrichten *54*
Seitenansicht *64*
Seiten-Layout *104*
Seitennummerierung *58*
Seitenrand *55*
Seitenzahl einfügen *58*
Serienbrief
    drucken *89*
Seriendruck *87*
    Vorschau *89*
Seriendruckfeld *88*
    einfügen *89*
serifenlose Schrift *34*
Serifenschrift *34*
Silbentrennung *83*
    automatisch *84*
    manuell *84*
Sonderzeichen *41*
    eingeben *41*
Spaltenbreite *72*
Sprache *63*
Standardsymbolleiste *18*
Symbol *41*
    einfügen *41*
Symbolleiste *64, 118*
    ausblenden *65*
    einblenden *65*

T

Tabelle *68*
    erstellen *68*
    formatieren *70*
Tabellendaten *110*
Tabellenkalkulations-Programm *110*
Tabstop *73*
Tab-Taste *17*
    verwenden *17*
Tabulatoren *73*
Tastenkombination *30, 119*
Text *12*
    als Blocksatz ausrichten *31*
    ausrichten *30*
    ausschneiden *29*
    auswählen *25*
    bearbeiten *12*
    einfügen *28*
    eingeben *12*
    ersetzen *51*
    formatieren *27*
    kopieren *28*
    links ausrichten *30*
    mit Tabulator verschieben *16*
    rechts ausrichten *31*
    suchen *49*
    zentriert ausrichten *31*
Tiefgestellt *36*

U

Umschalttaste *13*

W

Wiederherstellen *18*
Word beenden *20*
Word-Anwendung *96*
Word-Dokumentenvorlagen *97*
WordPerfect *108*
World Wide Web *107*
Wraparound *14*

Z

Zeilenabstand *47*
Zeilenhöhe *72*
Zoom *40*
Zwischenablage *28*

bit media
e-Learning solution

Lernen... wann was wo immer ...Sie wollen.

Die ECDL-Lernprogramme der Firma **bit media** sind weltweit die ersten zertifizierten multimedialen Lernprogramme für den Europäischen Computer Führerschein!

Die Lernmedien stehen als Einzelplatz- und Netzwerkversion, sowie webfähig für Intra- und Internet zur Verfügung.

Die Module (Kurse)

- Grundlagen der Informationstechnologie (IT Grundlagen)
- Computerbenutzung und Betriebssystemfunktionen (Windows)
- Textverarbeitung (Word)
- Tabellenkalkulation (Excel)
- Datenbanken (Access)
- Präsentation (PowerPoint)
- Informations- und Kommunikationsnetze (Internet Explorer)

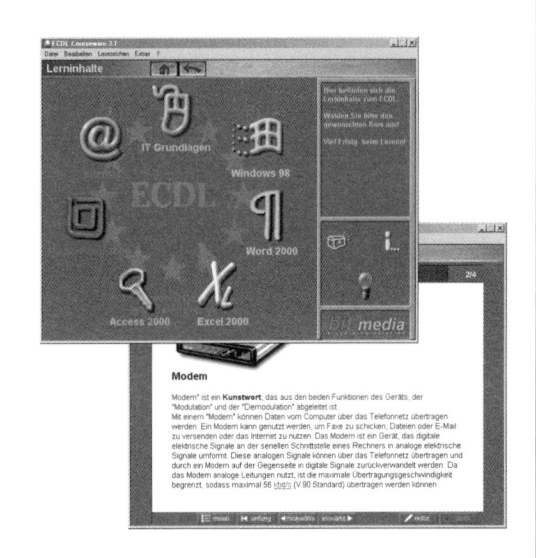

Preis je aufgeführten Kurs DM 40,00
Euro 19,00
inkl MwSt.

bit media e-Learning solution Deutschland GmbH
Center of E-Excellence
Südallee 1
D-85356 München-Flughafen

Bestellungen unter
Fax: 089 / 63 63 73 83
Mail: dieter.patzke@bitmedia.cc

Notizen

Notizen

Notizen